JN185564

スタシス
Stasis

政治的パラダイムとしての内戦
La guerra civile come paradigma politico Homo sacer, II, 2

ジョルジョ・アガンベン
Giorgio Agamben

高桑和巳 訳
Kazumi Takakuwa

青土社

スタシス　目次

スタシス　政治的パラダイムとしての内戦

凡例

一　本書は以下の日本語訳である。Giorgio Agamben, *Stasis: La guerra civile come paradigma politico* (*Homo sacer*, II, 2) (Torino: Bollati Boringhieri, 2015).

二　強調によるイタリックは傍点を付して指示する、ギィメやダブル・クオーテイションは「　」に、原著者による介入は［　］に、訳者によるものは〔　〕にするなど、約物の使用は慣例にしたがっているが、読みやすさを考慮して、引用符の付されていない引用や用語（とくにイタリア語ではないもの）を「　」に入れるなど操作しているばあいもある。

三　原書には註がない。引用・参照箇所の指示は本文中に示され、対応する文献リストが巻末に付されている。本書では文献指示は基本的に註でおこなう。指示する文献は、可能なかぎり元の言語のものを指示する（イタリア語以外を原典とするテクストのイタリア語版については、参照が無意味となるため省く）。訳出自体も原則として元の言語からおこなう。文献に日本語訳が存在するばあいは参照箇所を指示するが、日本語訳の文言は必ずしも尊重していない。

四　原著者による文献指示に見られる誤りは、とくに断らずに修正している。

序

ここに発表する二つのテクストは、二〇〇一年十月にプリンストン大学でおこなわれた内戦についての二つのセミナーを、変更・補充のうえ再現したものである。ここで提案されている諸テーゼ——内戦を西洋の根本的政治化の境界線として同定し、「アデミア」つまり人民の不在を近代国家の構成的要素として同定する諸テーゼ——がそのアクチュアリティをどの程度まで保存しているかについて、あるいはまた私たちが世界的内戦という次元へと入りこんだことによってその意味が本質的なしかたで変質してしまったかどうかについては、読者が決定することだろう。

一　スタシス

一

内戦の教説が今日まったく欠落しているというのは一般的に認められていることである。とはいえ、この欠落を法学者や政治学者はそれほど気にしていないように思われる。内戦の教説が欠けているというこの診断を、ローマン・シュヌーアはすでに一九八〇年代に定式化していたが、その彼は、内戦との学問上の対決における注意不足は世界的内戦の進展と歩調を合わせるものだと付け加えていた。[*1] それから三十年を経て、この指摘はアクチュアリティを少しも失っていない。今日、国家間戦争と国内戦争を区別する可能性自体がなくなっていくように思われる一方で、この件に通じた研究者たちは内戦の理論を仄《ほの》めかすことを入念に避け続けている。なるほど、この数年は、国家間戦争と定義することの

*1 以下を参照。Roman Schnur, *Revolution und Weltbürgerkrieg: Studien zur Ouverture nach 1789* (Berlin: Duncker & Humblot, 1983), pp. 120, 144.

できない数々の戦争が再発するのを前にして、いわゆる「国内戦争〔internal wars〕」に関する刊行物が、とりわけアメリカ合衆国において増えてきてはいる。だがそのばあいも、分析は内戦という現象の解釈のほうを向いてはおらず、ますます広まっていく実践にしたがって国際的介入を可能にする諸条件のほうを向いていた。今日、合意というパラダイムが実践をも、また政治理論をも支配しているが、そのことは、少なくとも西洋民主主義と同じほど古い内戦という現象に対する真面目な探究とは相容れないように思われる。

2

今日は戦争理論にあたる「ポレモロジー」もあれば、平和理論にあたる「イレノロジー」もあるが、内戦理論にあたる「スタシオロジー」は存在していない。この欠落がシュヌーアにしたがって世界的内戦の進展といかに関係づけられることができたかについては、私たちはすでに言及した。「世界的内戦」という概念は一九六三年にハナ・アーレントによって『革命について』において導入され（そこでは第二次世界大戦が「地球全体に荒れ狂う一種の内戦」[*2]と定義づけられている）、同じく一九六三年にカール・シュミットによって『パルティザンの理論』において導入されている。つまり、戦争と平和、軍人と市民、敵と犯罪者を明瞭に区別できるという可能性にもとづく「ヨーロッパ公法〔Jus publicium Europaeum〕」の戦争の構想が終わったことをしるしづけるパルティザンという形象に捧げられた本においてである。この伝統的な戦争の構想が終わった日付を人がどこまで遡らせたいと思うにせよ、確かなのは、伝統的な意味での戦争状態が今日、実質的に消滅したということである。湾岸戦争——つまり依然として国家間戦争の姿を呈しているように思われた最後の紛争——もまた、交戦する諸国家が戦争状態を宣言することなしにおこなわれた（仮に戦争状態が宣言されたとすれば、それはイタリアのようないくつかの国家にとっては、施行されている憲法に違反することになっただろう）。国家間紛争と定義づけることもできず、

＊2　Hannah Arendt, *On Revolution* (New York: Viking Press, 1963), p. 8.〔『革命について』志水速雄訳（筑摩書房、一九九五年）二〇頁〕

かといって伝統的に内戦が帯びているべきとされる性格をもっているわけでもないような戦争モデルが全般化することによって、「非内戦〔uncivil wars〕」なるものについて語るべく導かれた研究者たちもいる。この非内戦とは、内戦のように政治システムの制御と変容へと向かうようには思われず、無秩序の最大化へと向かうように思われるような戦争のことである。*3 九〇年代に研究者たちがこれらの戦争に対して払った注意によって導かれた先はしかじかの内戦理論ではなく、ただ国内紛争のマネジメント、つまりはその運営、操作、国際化でしかありえなかった。

*3 以下の各所を参照。Donald M. Snow, *Uncivil Wars* (Boulder: Lynne Rienner, 1996).〔「非内戦〔uncivil wars〕」には「礼節を欠いた戦争」という含意がある〕

二

内戦に対する没関心を説明してくれる理由の一つに、革命概念のいや増す人気（少なくとも七〇年代の終わりまで）があるかもしれない。革命概念はしばしば内戦概念の代わりに置かれているが、けっして内戦概念と一致するものではない。ハナ・アーレントは『革命について』において、革命と内戦というこの二つの現象が互いに異質であるとするテーゼを次のように留保なく定式化した。「[……]革命は、始まりの問題へと直接的かつ不可避的に私たちを直面させる唯一の政治的な出来事である[……]。近代の革命は、ローマ史の「mutatio rerum〔事物の変異〕」と共通するところ、あるいはまた「stasis〔内戦〕」、つまりギリシアのポリスを乱した市民の不和と共通するところはほとんどない。プラトンのいう「metabolai〔変遷〕」とは、統治形態がこれこれからしかじかへとほとんど自然的に変容することを指すが、私たちは革命をそのようなものと等価と見なすことはできない。また、ポリュビオスのいう「politeiōn anakyklōsis〔政体の変転〕」とは、定めとなっている再発する循環のことであって、人間の事柄はつねに極端へと押しやられるがゆえにその循環へと縛りつけられているとされるが、私たちは革命をそのようなものと等価と見なすこともできない。古代は政治的変化を、また変化にともなう暴力をよく知ってはいたが、それらはいずれも、何かまったく新しいものをもたらすものと見えていたわけではない」[*4]。

革命と内戦というこの二つの概念の違いが現実には純粋に名目上のものだというのがありそうなことであるとしても、革命概念はいくつかの理由から――先入見のないアーレントのような研究者にも――スタシスという概念よりも尊重すべきものと思われてしまい、革命概念へと注意が集中することは内戦に関する研究を周縁化することに貢献してしまった。

*4　Arendt, *On Revolution*, pp. 13–14.〔『革命について』二七―二八頁〕

三

しかじかの内戦理論を提起するということは、本テクストのありうべき目標のなかにはない。私はむしろ、内戦理論が西洋の政治思想において、その歴史の二つの瞬間においてどのような姿を呈するかを検討するにとどめることにする。二つの瞬間においてとはつまり、古典ギリシアの哲学者たち、歴史家たちの証言において、そしてまたホッブズの思想においてである。この二つの例は出まかせに選ばれたものではない。私が示唆したいのは、これらがいわば同一の政治的パラダイムの表裏二面を表象しているということ、それが一方では内戦の必然性の断言において、他方では内戦の排除の必然性において表明されているということである。このパラダイムが現実には単一のものだということが意味するのは、内戦の必然性と内戦の排除の必然性という、互いに対立している二つの必然性が秘かな連帯を保ち続けているということである。この秘かな連帯をこそ理解しなければならない。

古典ギリシアにおける内戦――もしくはスタシス――という問題の分析は、ニコル・ロローの諸研究によってこそ始まる。彼女はスタシスを扱う一連の論文や論考を書き、それらは一九九七年に『分割された都市』に収められている。これは彼女がしばしば

「私の本の極み〔mon livre par excellence〕」と呼んでいた一巻本である。芸術家の人生と同じく、研究者の人生にもさまざまな神秘があるものである。ローマでの講演のために一九八六年に書かれた「家族内戦争」と題されている論考は、ロローがスタシスという問題を扱って書いた諸研究のなかでももしかすると最重要のものかもしれないが、彼女はこれをその一巻本に含めなかった。それがなぜなのか、私は満足のいくしかたで自分に説明できたためしがない。その本の刊行と同じ年に、彼女はこの論考を『クリオ』という雑誌の「内戦〔guerres civiles〕」特集号に発表することを決定している。それだけに、この付帯状況はなおのこと説明がつかない。それはまるで、当の論考で展開されている諸テーゼが、本のほうで押し進められている諸テーゼよりも——なるほどそれらも鋭敏ではあるにせよ——独創性に関して、またラディカルさに関して決定的に先行しているということを彼女が意識しているというかのようである——だが、仮にそうだとすればそれは本当に特異な動機づけではあろう。いずれにせよ私は、その論考の諸々の結論を要約し、それらの結論に含まれている、フォイヤーバハが「展開可能性（Entwicklungsfähigkeit）」と呼んでいたものを特定しようと試みることにしたいと思う。

四

ニコル・ロロー以前のフランスの研究者たちは——私は少なくとも二人の古典的研究者に言及したい。ギュスターヴ・グロッツとフュステル・ド・クーランジュである。この二人の後にはジャン＝ピエール・ヴェルナンがいる——、ギリシアのポリスにおけるスタシスの重要性を強調してはいた。ロローの取り組みの新しいところは、彼女がこのスタシスという問題をそれ特有の場《ロクス》にただちに位置づけているということである。その場とはつまり、一方のオイコス、「家族」もしくは「家」と、他方のポリス、「都市」[*5]とのあいだの関係のことである。彼女は次のように書いていている。「この事柄は、スタシス、都市、家族という三項間で演じられることになる」[*6]。内戦の場をこのように同定するということには、家族と都市のあいだの諸関係のなす伝統的地勢をはじめから描きなおすという含意がある。一般に流布しているパラダイムによれば、都市のなかへと家族が乗り越えられ、公的なもののなかへと私的なものが乗り越えられ、一般的なもののなかへと個別的なものが乗り越えられるとされているが、そうではなくて、それよりも両義的で複雑な一つの関係が問題だというのである。私たちがこれから理解しようとするのは、まさにその関係である。

ロローは、プラトンの『メネクセノス』の一節から分析を始めている。内戦の両義性が十全な明証性において現れている一節である。紀元前四〇四年にアテナイの市民たちを二分したスタシスを描写して、プラトンは皮肉をこめて次のように書いている。「私たちの家の戦争〔oikeios [...] polemos〕は、仮に人間が運命によって内紛へと断罪されているのならば、自分の都市がその疾

*5 （訳註）以下、「都市〔città〕」は「ポリス〔polis〕」の訳語。ギリシアにおいては「国家〔Stato〕」に相当する。訳し分けておくが、「国家」と読み換えてもまったくかまわない。

*6 Nicole Loraux, "La guerre dans la famille," *Clio*, 5 (Paris: Belin, 1997), p. 38.

病を別のしかたで被ることを願う者は誰もいないだろうようなしかたでおこなわれた。じじつ市民たちは、ペイライエウスの側から、そしてアテナイ市の側から、いかなる喜びをもって、またいかなる家族らしさをもって交わったことか［hōs hasmenōs kai oikeiōs allēlois synemeixan］！」[*7] プラトンが用いている動詞(symmeignymi〔交わる〕)は「仲よく混ざりあう」を意味し、それとともに「交戦する、闘う」をも意味する。だが、それだけではなく、「oikeios polemos〔オイコスのポレモス、家の戦争〕」という表現自体がギリシアの耳には撞着語法として聞こえるものである。じつのところ、ポレモスというのは対外的な戦争を指す。それは、プラトンが『国家』で書くことになるように、「外国の［……］、他の(othneion [...] kai allotrion)」[*8]ものを指している。それに対して、「家の［……］、同族の(oikeion [...] kai syngenes)」ものに対してであれば、スタシスというのがふさわしい用語である。これらの箇所に対するロローの読解によれば、プラトンは次のことを含意していると思われる。すなわち、「ア

＊7　（訳註）プラトン『メネクセノス』243 e.

＊8　プラトン『国家』470 c.

テナイ人たちが自分たちのあいだで国内戦争（oikeios polemos）をおこなったのはただ、家の祭りの喜びのなかで、よりよい状態になるためだった」[*9]。家族は分割とスタシスの起源であり、同時にまた和解のパラダイムでもある（ギリシア人たちは「まるで和解すべく運命づけられているかのようにして互いに闘う」[*10]とプラトンは書くことになる）。

*9　Loraux, “La guerre dans la famille,” p. 22.

*10　プラトン『国家』471 a.

五

したがってロローによれば、スタシスの両義性はオイコスの両義性に拠っており、スタシスはオイコスと実体をともにしている。内戦とは「血族内のスタシス〔stasis emphylos〕」、つまり「血族〔phylon〕」内の固有の紛争、血縁内の固有の紛争のことである。「ta emphylia」（文字どおりには「血族内の物事」）が単に

「内戦」を意味するほどに、内戦は家族と本性をともにしている。ロローによれば、この用語は「血族として、血族であることで、その閉域のなかで考えられた都市が、都市自体と保つ血なまぐさい関係」[*11]を表している。同時に、家族はまさにスタシスの起源にあることで、スタシスのありうべき解決策を含みもつものでもある。というわけで、家族間の戦争はしばしば女性の交換によって、つまり敵対する血族間の婚姻によって繕《つくろ》われる、とヴェルナンは指摘している。「ギリシア人の目には、社会的諸関係の組織においても、世界の組織においても、紛争の諸力を合一の諸力から分離することなどできないものと映っていた」[*12]。

悲劇もまた、内戦と家族のあいだの内奥の結びつきを証し立て、「血族内のアレス〔Arēs emphylios〕」[*13]、オイコスに宿っているアレスが都市におよぼす脅威を証し立てている。ロローによれば、「オレステイア」[*14]はアトレウスの子らの家でなされた殺害の長い連鎖を喚起するものであって、同時にまた、家族の殺しあいを終わらせることになるアレオパゴス会議の創設によってその殺害が

*11 Loraux, "La guerre dans la famille," p. 29.

*12 Jean-Pierre Vernant, "Introduction," in Vernant, ed., *Problèmes de la guerre en Grèce ancienne* (Paris: Éditions de l'EHESS, 1985), p. 12.

*13 アイスキュロス『エウメニデス』862–863.〔アレスは戦時の狂乱が位格化された神〕

*14 〔訳註〕「オレステイア」とは、『アガメムノーン』『コエーポロイ』『エウメニデス』からなるアイスキュロスの悲劇三部作のこと。

乗り越えられたことを記念するものである。「都市秩序は家族を自らの懐《ふところ》に統合した。このことが意味するのは、都市秩序は潜在的につねに、血縁にとっては第二の本性のようなものである不和によって脅かされているということ、そしてまた、都市秩序はつねにすでにこの脅威を乗り越えたということである」[*15]。

内戦が家族と本性をともにしている――つまり、内戦が「家の戦争（oikeios polemos）」である――かぎり、そのかぎりにおいて内戦は都市と本性をともにしており、ギリシア人の政治生活の欠かせぬ構成部分となっている――これがロローの示唆していると思われるテーゼである。

*15 Loraux, "La guerre dans la famille," p. 39.

六

ロローは論考の最後で、シケリアにあったギリシアの小都市ナコネの事例を分析している。その小都市では紀元前三世紀に、スタシスの後、市民たちがまったく特殊なしかたで和解を組織することを決定した。彼らは籤《くじ》で市民の名を選び出し、それによって市民たちをそれぞれ五人組に分けた。このようにして、その五人組は「籤による兄弟（adelphoi hairetoi）」となった。血縁による自然的な家族のほうは無効化されたが、それと同時に、その無効化が親族関係の象徴の極みである兄弟性によって実現されていた。市民の不和の起源であるオイコスが、人為的な兄弟性を産出することによって都市から排除されている。これらの情報を私たちに伝えてくれている碑文は、新たな兄弟たちは互いにいかなる親族関係ももってはならないと断っている。純粋に政治的な兄弟性は血の兄弟性を却下し、そのことによって都市を「血族内のスタシス〔stasis emphylos〕」から解放する。しかしながら、この同じ身振りによって、この純粋に政治的な兄弟性はポリスの平面に一つの親族関係を再構成し、都市を新たなたぐいの一家族とする。プラトンが次のように示唆するにあたって用いていたのは、このたぐいの「家族的」パラダイムである。いわく、彼の理想的国家においては、血縁による自然的な家族が女性と富の共有制によってひとたび除去されていれば、誰もが他者のうちに「兄弟あるいは姉妹を、父あるいは母を、息子あるいは娘を［……］」[*16]見たことだろうというのである。

ここでもまたオイコスの両義的機能が、またオイコスと本性をともにするスタシスの両義的機能が確証される。この時点でロローは、自分の分析を二重の誘《いざな》いによって締めくくることができた。「スタシス／家族／都市［……］これらの観念は何本かの力線にしたがって分節化されているが、その力線においては再発と重なりが、進化のあらゆる連続的プロセスよりもはるかに優位となっている。そこから、私たちが一再ならず出会ってきた逆説および両義性が生じてくる。親族関係の歴史家が、都市によってオイコスが抗しがたく乗り越えられるという常套句を再検討する機会をそこに見いだすことができるとよい。政治的なものの歴史家はと言えば、もしかすると次のような確信を強化する役に立つも

＊16　プラトン『国家』463 c.

のをそこから引き出すことになるかもしれない。それは、都市に関するギリシアの省察は、そこにスタシスを統合するときから両価性によって司《つかさど》られる、という確信である。というのも、国内の紛争は外部から輸入されたものだと心地よい解決は考えたがっているが、そうではなくそれはいまや、実際に「血族〔phylon〕」の内部から誕生するものとして考えられなければならないからである［……］。ギリシア人とともに、戦争を家族のなかで考えようと試みなければならない。都市は一つの「血族〔phylon〕」であると措定するのでなければならない。そうすると、スタシスはそれを啓示するものだということになる。都市を一つの「家〔oikos〕」とするのでなければならない。「家の戦争〔oikeios polemos〕」の地平で、和解の祭りが縁取られる。最後に、この二つの操作のあいだにあって、緊張は解決されるものではないということを認めなければならない」[*17]。

＊17　Loraux, "La guerre dans la famille," pp. 61–62.

七

ロローの分析の結果をいくつかのテーゼの形に要約してみよう。

一。スタシスはまず、ギリシアの政治とはオイコスがポリスのなかへと決定的に乗り越えられることだと構想する常套句を問いただす。

二。スタシスもしくは内戦は、その本質において、外部にではなくオイコスに由来する「家族内戦争」である。スタシスがオイコスを啓示するものという機能を果たし、ポリスにおけるオイコスの縮減不可能な現前を証示しているのは、まさに、スタシスが家族と本性をともにするものだからである。

三。オイコスは本質的に両義的である。一方では、それは分割と紛争の要因であり、他方では、それによって分割された当のものを和解させることを可能にするパラダイムである。

以上の要約的開陳から、明白な結果としてただちに次のことが生ずる。すなわち、都市におけるオイコスと「phylon〔血族〕」の現前と機能は広範に検討され、しかじかのしかたで定義づけられてはいるが、その一方で、まさに調査対象となっていたスタシスの機能のほうは暗がりにとどまっているということである。スタシスはオイコスを「啓示するもの」でしかない。つまりそれは、自らの由来する当の要素たるオイコスへと縮減され、都市におけるその現前を証示することしかしていない。この定義づけは最後まではぐらかされている。したがって私たちは、ロローの諸テーゼをこの方向で検討することにする。そこで言われていないことを明るみに出そうというのである。

八

第一の点について言えば、西洋政治の基礎にあるオイコスとポリスのあいだの諸関係、ゾーエーとビオスのあいだの諸関係がはじめから考えなおされなければならないということを、私のこれまでの探究は疑念の余地なく示したものと思う。[*18] 古典ギリシアにおいては、単なる自然的な生であるゾーエーはポリスから排除され、オイコスの圏域内にとどまっている。というわけで、アリストテレスは『政治学』の冒頭において、「家業の主（oikonomos）」や「家長（despotēs）」を生の再生産と保存にたずさわるものとして政治家から入念に区別し、前二者と後者とを分割する違いが量に関するものであって質に関するものではないと見なす者たちを辛辣に批判している。西洋の政治的伝統において正典的なもの

＊18（訳註）以下を参照。Giorgio Agamben, *Homo sacer: Il potere sovrano e la nuda vita* (Torino: Giulio Einaudi, 1995).〔『ホモ・サケル』高桑和巳訳（以文社、二〇〇三年）〕

となったにちがいない一節で、彼はポリスの目的を完璧な共同体として定義づけているが、そのとき彼はそれにあたってまさに、生きているという単なる事実(「生きること〔to zēn〕」)を、政治的に形容の付される生(「よく生きること〔to eu zēn〕」)に対置している。

しかし、「生きること」と「よく生きること」をこのように対置するということは同時に、第一項を第二項へと含みこむこと、家族を都市へと含みこむこと、ゾーエーを政治的な生へと含みこむことでもある。『ホモ・サケル 主権的権力と剝き出しの生』のねらいの一つはまさに、自然的な生が政治のなかへとこのように排除されること——それは同時に包含されることでもある——の諸理由と諸帰結を分析するということだった。一方のゾーエーとオイコスが、しかじかの排除によって、他方のポリスと政治的ビオスのなかへと包含されなければならないのだとするならば、私たちは両者のあいだにどのような諸関係を想定しなければならないのか? この観点からすると、私の探究は、「都市によってオイコスが抗しがたく乗り越えられるという常套句」を問いに付そうというニコル・ロローの誘いと完璧に首尾一貫するものだった。それは乗り越えではなく、外部性を捉えようとする、そしてまた内奥性を排斥しようとする、複雑な、解決されざる試みである。だが、この文脈において、内戦の場と機能をどのように了解すればよいのか?

九

このように見ると、ロローの研究を私たちが要約した第二テーゼと第三テーゼは、さらに問題をはらんだものとして現れてくる。この二つのテーゼによれば、スタシスの本来の場はオイコスであり、内戦は「家の戦争(oikeios polemos)」である。オイコスには——そしてそれと本性をともにするスタシスには——本質的な両義性が内属している。オイコスは都市の破壊を起因するものであるとともに、都市を統一されたものとして再構成することのパラダイムでもある、という両義性である。この両義性をどのように説明すればよいのか？　オイコスが、自らのうちに不和やスタシスを含んでいるかぎりにおいて政治的解体の一要素であるとして、そのオイコスが和解のモデルという姿を呈するのはどのようにしてなのか？　家族が自らの内部に、縮減できないしかたで紛争を含みこむのはなぜなのか？　内戦が家族と血の秘密であり、政治的な秘法ではないとされるのはなぜなのか？　スタシスはオイコスの内部に位置づけられ、そこにおいて生成する、というのがロローの仮説によって当然視されていることだが、もしかすると、このような位置づけや生成は確かめられ、訂正されなければならないのかもしれない。

スタシス（動詞「histēmi〔立つ〕」に由来する）は、語根にしたがえば、立ち上がるという行為、自分の足でしっかり立っているという行為を表している（「stasimon」とはコロスが立ち止まって話す悲劇の時点のことであるし、「stas」とは立ったまま誓言を口にする者のことである)。スタシスが「立っている」のはどこなのか、その固有の場とはどのようなところなのか？　これらの問いに応えるには、内戦が家族内に位置づけられるとするテーゼを証明するためにロローが分析しているテクストのいくつかをあらためて踏査し、それらのテクストがその反対に異なる読解を可能にするものではないかを確かめなければならないだろう。

まずは、プラトンの『法律』からの引用である。「内戦において、戦闘で［……］自分の兄弟を殺した兄弟［adelphos、血のつながった兄弟］は［……］純粋［katharos］と見なされるものとする。ちょうど、敵［polemios］を殺したようにである。これと同じ条件下で他の市民を殺した市民についても、また外国人を殺した外国人についても同じとする」[*19]。この一節を註解して、ロローはここでもまた、スタシスと家族のあいだの内奥の関係を証言するものを見て取っている。「市民の憎悪が猛威を振るっているとき、人が殺すのは自分の親類のなかでも最も近しい者であり

＊19　プラトン『法律』869 c–d.

［……］、制限された家族が、スタシスによって分割されることで解体される。都市における現実の家族が、都市の隠喩としての家族がである」[20]。しかし、プラトンの対話編でアテナイ人の提案している法の文言から結果として生じてくるのは、スタシスとオイコスのあいだの連関であるというより、兄弟と敵、内と外、家と都市を内戦が一つのものとして同化し、互いに区別不可能なものにするという事実である。スタシスにおいては、最も内奥なものの殺害が最も疎遠なものの殺害と区別されない。だが、このことが意味するのは、スタシスの場が家の内部にあるのではなく、その場がむしろオイコスとポリスの違い、血の親族関係と市民性の違いがなくなる境界線を構成しているということである。

スタシスが家と都市のあいだの境界へと新たにずらされるということは、ロローが註で引用している別の一節――こちらはトゥキュディデスの一節――によって確証される。コルキュラで紀元前四二五年に起こった血まみれの内戦についてトゥキュディデスは、スタシスは非常な残虐さに達し、その残虐さたるや「親族関

＊20　Loraux, "La guerre dans la famille," p. 44.

係の結びつき［to syngenes］のほうが党派的な結びつき［tou hetairikou］よりも疎遠になった」[*21]ほどだと書いている。ロローは、これと同じ考えを表現するためには「党派的な結びつきのほうが家族の結びつきよりも内奥的［……］になった」[*22]というように逆の定式化をしたほうがより自然だっただろうと指摘している。現実には、ここでもやはり決定的なのは、スタシスが二重の移転において、オイコスに属するものとポリスに固有なもの、内奥のものと疎遠なものを混同するということである。家族的な紐帯が党派へと外部化されるかぎりにおいて、政治的な結びつきは家の内部へと移る。

ナコネの市民たちによって考案された特異な装置を解釈することができるのはこれと同じ意味においてかもしれない。スタシスの効果はそこでもまた、一方のオイコスと他方のポリス、一方の、市民性へと解体される親族関係と、他方の、「籤による兄弟」において親族関係という不適当な形式を取る政治的な紐帯、この両者を見分けのつかないものにするということである。

＊21 （訳註）トゥキュディデス『歴史』3, 82, 6.

＊22 Loraux, “La guerre dans la famille,” p. 35.

十

いまや私たちは、「スタシスが「立っている」のはどこなのか、その固有の場とはどのようなところなのか?」という問いに応えようと試みることができる。スタシスはオイコスのなかにもポリスのなかにも、家族のなかにも都市のなかにも位置づけられない——これが私たちの仮説である。スタシスは家族という非政治的空間と都市という政治的空間のあいだの違いがなくなる地帯を構成している。この境界線を越えることでオイコスは政治化され、その逆にポリスは「家政化」[*23]される。つまり、それによってポリスはオイコスへと縮減される。このことが意味しているのは、ギリシア政治のシステムにおいては、内戦は政治化と非政治化の一境界線として機能しており、そこを通ることで家は都市へと超出

*23 (訳註)「家政化する〔economizzare〕」は「経済化する」の含意もあるが、ここでは「オイコスの秩序のなかに入る」という意味あいに取る。

し、都市は家族へと脱政治化される、ということである。

　ギリシア法の伝統には、私たちがいま提案した、内戦を政治化／非政治化の境界線として位置づけることを疑念の余地なく確証してくれると思われる特異な資料が一つ存在している。その資料はプルタルコス、アウルス・ゲッリウス、キケロにおいて言及されているのみならず、アリストテレスにおいても特別の正確さをもって言及されているにもかかわらず、[*24] そこに含意されているスタシスの価値評価は近代の政治史家たちにはあまりに人を当惑させるものと見えたので、しばしば脇に放置されてきたほどである（ニコル・ロローも本のほうではこれを引用しているが、論文のほうではこれに言及していない）。それは、内戦において両派のいずれのためにも闘わなかった市民をアティミア（つまり市民権喪失）で処罰したソロンの法のことである（アリストテレスが次のようにあからさまに言っているとおりである。「都市が内戦状態［stasiazousēs tēs poleōs］にあるときに、両派のいずれのためにも武器を取らない［me thētai ta hopla、文字どおりには「盾

＊24　アリストテレス『アテナイ人の国政』8, 5.

を置かない〕」者は汚名を着せられ〔atimon einai〔アティミアを科され〕」、政治から排除される〔tēs poleōs mē methechein〕ものとする」。キケロはこの「atimon einai〔アティミアを科され〕」を「capite sanxit〔頭の制裁を受け〕」と翻訳し、ギリシアのアティミアに〔ローマ法において〕呼応する「capitis diminutio〔市民権喪失を意味するが、文字どおりには「頭減らし」〕」をちょうどうまい具合に喚起している)[*25]。

内戦で両派のいずれにも与《くみ》しないことは、ポリスから排斥されてオイコスのなかへと辺縁化されること、市民性から出て私的なものという非政治的条件へと縮減されることに等しい。このことは明らかに、ギリシア人が内戦を一つの善と見なしていたということを意味するわけではない。そうではなく、スタシスは、極端な事例において政治的要素を啓示する試薬のように、これこれの存在が政治的なものであるか、非政治的なものであるかをそれ自体で規定する政治化の境界線のように働くのである。

＊25　キケロ『アッティクスへの手紙』10, 1, 2.

十一

クリスティアン・マイヤーは、紀元前五世紀のギリシアにおいて、市民性の「政治化（Politisierung）」と彼の呼ぶものによって実現される構成的概念性の変容がどのように起こるかを示した。それ以前には、社会的所属はまずはさまざまな種類の条件や立場《ステイタス》（貴族や文化的共同体の構成員、農民や商人、家族の父や親類、都市の住民や田園の住民、諸侯や平民）によって定義づけられており、市民性やそれによって含意される権利や義務によって社会的所属が定義づけられるのはあくまでもそれに次いでのことにすぎなかった。それがいまや、市民性がそれ自体として社会的アイデンティティの政治的な判断基準となる。彼は次のように書いている。「このようにして、市民性を政治的アイデンティティとする、ギリシア特有のアイデンティティが生じた。市民は「市民らしく［bürgerlich］」振る舞うべきだ、つまりギリシア的な意味で言えば「政治的に」振る舞うべきだとする期待が制度化された。このアイデンティティには特記すべき競合者はなかった。たとえば経済的立場、職業、労働プロセスにおける地位、宗教その他が共通であるということにもとづくグループへの所属のうちには、これと競合するものはなかった［……］。民主制において政治生活に身を捧げるにあたり、広範な層の市民が自分をまず第一にポリスへの参加者であると見なした。そしてポリスは、彼らが本質的に連帯している当のものにもとづいて、つまり秩序と正義に対する利害、もともとは間接的な（副次的な）利害にもとづいて構成されていた［……］。この意味で、ポリスとポリスの住民は互いに規定しあうことになる［……］。これによって政治は、相対的に言って非常に多い市民にとって、生の内容［Lebensinhalt］に関しても、また自分の利害に関しても、非常に広大なものとなった［……］。市民たちのあいだでは、ポリスは家からはっきり分けられた領域となり、政治は「必然の王国（anankaia〔必需〕）」からはっきり分けられた領域となった[*26]」。

　マイヤーによると、市民性が政治化するこのプロセスはギリシアに特有のものであって、これが、さまざまな変更と裏切りをともなってギリシアから西洋政治へと伝達されたのだという。ここで私たちが関心を寄せている観点からは、次のように断っておくべきではある。すなわち、マイヤーの語っている政治化はオイコスとポリスのあいだの緊張の力場に位置づけられるべきであって、その力場は、両極にあって互いに対立している政治化と脱政治化というプロセスによって定義づけられる。その緊張の力場においてスタシスは境界線を構成しており、その境界線を通り抜けることで、家への所属は市民性へと政治化され、逆に、市民性は家族的な連帯へと脱政治化される。私たちが見たように、両者の緊張は時を同じくしているので、双方が互いへと変容し、互いへと逆転し、互いに結合しては分離する当の境界線は決定的なものとなる。

＊26　Christian Meier, "Der Wandel der politisch-sozialen Begriffswelt im 5. Jahrhundert v. Chr.," in Reinhart Koselleck, ed., *Historische Semantik und Begriffsgeschichte* (Stuttgart: Klett-Cotta, 1979), p. 204.

2

マイヤーは、政治的なものとは「連合と分離の強度」のことだとするシュミットによる定義を実質的に受け容れている。しかしながら彼が示唆しているとおり、この定義は政治的なものの本質に関わるというよりもむしろ政治的統一性に関わるものである。この意味では、シュミットが断っているように「政治的統一性は［……］統一性の最も強度ある程度を表している。したがってまた、最も強度ある区別、すなわち友と敵によるグループ分けもそこから規定される。政治的統一性は最高の統一性である［……］。というのも、それは決定するからであり、また自らの内部において、反対する他の諸グループに対して、極端な敵対にまで（つまり内戦にまで）解体してしまうことを妨害することができるからである」[*27]。じつは、しかじかの領域が互いに対立する一対の概念によって定義づけられるとしても、そのいずれもその現実を損なうことなく完全に排除されることはできない。内戦は分離の極端

＊27 Carl Schmitt, "Staatsethik und pluralistischer Staat," in *Positionen und Begriffe im Kampf mit Weimar-Genf-Versailles 1923–1939* (Hamburg: Hanseatische Verlagsanstalt, 1940), p. 141.〔「国家倫理学と多元論的国家」今井弘道訳、『ユリスプルデンティア 国際比較法制研究』第二巻（比較法制研究所、一九九一年）一〇八頁〕

な段階であるかぎりは、シュミット的な観点からしても西洋の政治システムの除去不可能な部分である。

十二

スタシスと政治のあいだのこの本質的なつながりは、これとは別のギリシアの制度によって確証される。ロローは論文のほうではその制度に言及していないが、『分割された都市』の重要な章(第六章)をこれに割いている。その制度とは大赦のことである。紀元前四〇三年、三十人寡頭制の敗北で終わったアテナイでの内戦の後、勝者となった民主制支持者たちはアルキノスに導かれ、「誰の、誰に対するものであれ過去の出来事を想起しないこと(tōn de parelēlythotōn mēdeni pros mēdena mnēsikakein)」[*28]、つまり内戦中に犯された犯罪を裁判によって処罰しないことを、荘

＊28　アリストテレス『アテナイ人の国政』39, 6.

厳に約定した。この決定――この決定のなされたときが大赦の発明されたときと一致している――を註解して、アリストテレスは次のように書いている。いわく、これによって民主制支持者たちは「過去の災いに対して、最も政治的に［……］行動した［politikōtata [...] chrēsasthai]」[*29]。つまり、内戦に対する大赦は最も政治に適した振る舞いだということである。法権利の観点からすると、スタシスは二つの禁止によって次のように定義づけられるが、その二つの禁止は互いのあいだで完璧に一貫性をもつものである。すなわち一方では、両派のいずれにも与しないことは政治的に言って有罪であり、他方では、内戦が終わったならば内戦を忘れることとは政治的な義務である。

大赦の誓言である「mē mnēsikakein」という定式は「想起しない」と、あるいはまた「怨恨をもたない、悪い回想をもたない」とふつうは翻訳される（ロローは「私は不幸を想起させないだろう［je ne rappellerai pas les malheurs]」[*30]と翻訳している）。同様に、「mnēsikakos」という形容詞は「恨んでいる、怨恨に充

＊29　アリストテレス『アテナイ人の国政』40, 2.

＊30　Nicole Loraux, "De l'amnistie et de son contraire," in *La cité divisée* (Paris: Payot & Rivages, 1997 [2005]), p. 148.

ちている」を意味し、悪い回想を養っている人間に適用される。だが、これと同じことが動詞「mnēsikakein」にも言えるというのはまったく確かなことではない。ギリシア語におけるこのタイプの動詞的複合語の形成を規則づけている潜在型においては、第二項は一般的に言って能動的である。「mnēsikakein」は「悪い回想をもつ」というよりも、むしろ「記憶で悪をなす、回想を悪用する」を意味する。ここでは、これはスタシスのあいだに犯された犯罪のためにこれこれの者を司法において訴追するということを指す法的用語である。アテナイの「大赦〔amnēstia〕」は単なる忘却や過去の抑圧ではない。それは、記憶の悪用をしないようにという誘いなのである。スタシスは、非政治的なもの（オイコス）が政治的なものへと生成することを、また政治的なもの（ポリス）が非政治的なものへと生成することをしるしづける、都市と本質をともにする政治的パラダイムを構成する。そのかぎりにおいて、スタシスは忘れられたり抑圧されたりすることのできるような何かではない。それは、都市においてつねに可能的であるにとどまるべき、しかしながら訴訟や怨恨を通じて想起されてはならない、忘れられないものである。つまりそれは、近代人にとって内戦がそうであると思われる当のものの正反対のものである。近代人にとって内戦とは、いかなる対価を払っても不可能にしようとしなければならない何か、訴訟や法的訴追によってつねに想起させられなければならない何かなのである。

十三

いまや私たちは、自分たちの分析からいくつかの暫定的結論を引き出すことができる。

一。スタシスはオイコスに由来するのではない。スタシスは「家族内戦争」ではなく、例外状態と相似したしかたで機能する装置の一部である。ゾーエー、つまり自然的な生は、例外状態において、排除されることによって法的－政治的秩序のなかに包含される。それと同じように、それと類比的なしかたで、オイコスはスタシスによって政治化され、ポリスのなかに包含される。

二。オイコスとポリスのあいだの関係において働いているのは差異のなくなる境界線の構成であって、政治的なものと非政治的なもの、外と内がその境界線で一致する。つまり、私たちは政治を、オイコスとポリスを両極端とする力場として構想しなければならない。両者のあいだで内戦は境界線をしるしづける。その境界線を通って、非政治的なものが政治化され、政治的なものが「家政化」される。

政治化 ⇅ 脱政治化

オイコス――――スタシス――――ポリス

このことが意味するのは、古典ギリシアにおいても今日においても、政治的実体というようなものは存在しないということである。政治は、政治化と脱政治化、家族と都市という緊張の流動によって絶えず貫かれている力場である。互いに分離されているとともに内奥において結びついてもいるこの対立しあう両極性のあいだにあって、緊張は――ロローの診断を言い換えれば――解決されえない。オイコスへと向かう緊張が優位となり、都市が家族へと（なるほど特殊なタイプの家族へではあれ）解消されることを欲するように思われるとき、内戦は、家族的諸関係があらためて政治化される境界線として機能する。その反対に、ポリスへと向かう緊張が優位となり、家族的な紐帯が解《ほど》けるように思われるとき、スタシスは家族的諸関係を政治的用語へと再コード化すべく介入する。

もしかすると古典ギリシアは、この緊張がほんの一時のあいだ、不確かな、不安定な均衡を見いだした場なのかもしれない。その後の西洋の政治史においては、一方には、血の関係や単に家政〔経済〕的な諸操作によって支配される家ないし家族へと都市を変容させ、それによって都市を脱政治化しようとする傾向があり、他方にはこれとは正反対の、すべての非政治的なものは動員され政治化されなければならないという相があって、両者が互いに入れ替わっていくことになる。どちらの傾向が優位となるかにしたがって、内戦の機能、転位、形式は変異していくことになる。しかし、「家族」や「都市」、「私的なもの」や「公的なもの」、「経済」や「政治」といった単語が束の間にせよしかじかの意味をもつかぎりは、内戦は西洋政治の舞台から抹消されることができない。

ℵ

今日、世界史において内戦が引き受けた形式はテロリズムである。近代政治は生政治であるとするフーコーの診断が正しく、またそれを神学的 - オイコノミア的なパラダイムへと導く系譜学も正しいとすれば、世界的テロリズムは生としての生が政治の賭け金となっているときに内戦が引き受ける形式である。人々を安心させるオイコスという形象——「ヨーロッパという家」、もしくはグローバルな経済的管理の絶対的空間としての世界——においてポリスが提示されるとき、スタシスはオイコスとポリスのあいだの境界線に位置づけられることはもはやできず、あらゆる紛争のパラダイムとなり、恐怖政治の形象へと入りこむ。テロリズムは、地球上の空間のこれこれの地帯、しかじかの地帯をかわるがわる攻囲する「世界的内戦」である。「恐怖政治」が、生としての生——国民、つまり誕生——が主権の原則となった瞬間と一致したというのも偶然ではない。生としての生が政治化されうる唯一の形式は、死への無条件な露出、つまり剝き出しの生なのである。

二　リヴァイアサンとビヒモス

一

ご覧になっているのは、「ロンドンにて印刷、アンドルー・クルック出版、セイント・ポールズ・チャーチ・ヤードのグリーン・ドラゴン〔printed in London for Andrew Crooke at the Green Dragon in St. Paul's Church yard〕」と書かれている、一六五一年に刊行されたトマス・ホッブズ『リヴァイアサン』初版の口絵となっている有名な版画である（図1）。これは、適切に言われたことがあるとおり「近代政治哲学史における最も有名な視覚イメージ」[*1]である。当時はエンブレム文献が花盛りだった以上、一つのイメージへと、作品の内容全体——あるいは少なくともその秘教的な意味——を要約しようという意図が作家にあったと想定するのは正当である。作品の内容全体を、つまりヴィーコ

＊1　Noel Malcolm, "The Titlepage of *Leviathan*, Seen in a Curious Perspective," *The Seventeenth Century*, 13, no. 2 (Oxford: Oxford University Press, Autumn 1998), p. 124.

が『新しい学』の扉絵のために選んだ版画において書かれているように「作品のイデア」を、である。しかしながら、この近代政治のエンブレムの極みについての書誌は、なるほどこの数十年はいわば加速的に増加しているとはいえ、相対的に言えば乏しい。研究がいくつかの異なる学問分野の能力の交差点に位置すると起こることだが、その任務と渡りあった研究者たちは一種の未知の《テラ・イン》土地《コグニタ》を進むように思われる。その土地へと向かうには、一方の図《イコ》像学《ノロジー》の資源と、他方の、私たちの大学で教えられているあらゆる学問分野のなかでも最もおぼろげな、最も不明確な学問分野の資源とを繋ぎ合わせることが必要だというわけだろう。その学問分野とは政治哲学のことである。ここで私たちが必要としている知は、「哲学的図像学〔iconologia philosophica〕」とでも呼ぶことのできる学に関する知である。その学は、一五三一年（アンドレア・アルチャートの『エンブレマタ』が刊行された日付）と一六二七年（ヤーコプ・カッツの『寓意と愛の図像集』が出現したとき）のあいだに存在していたかもしれないものだが、今日の私た

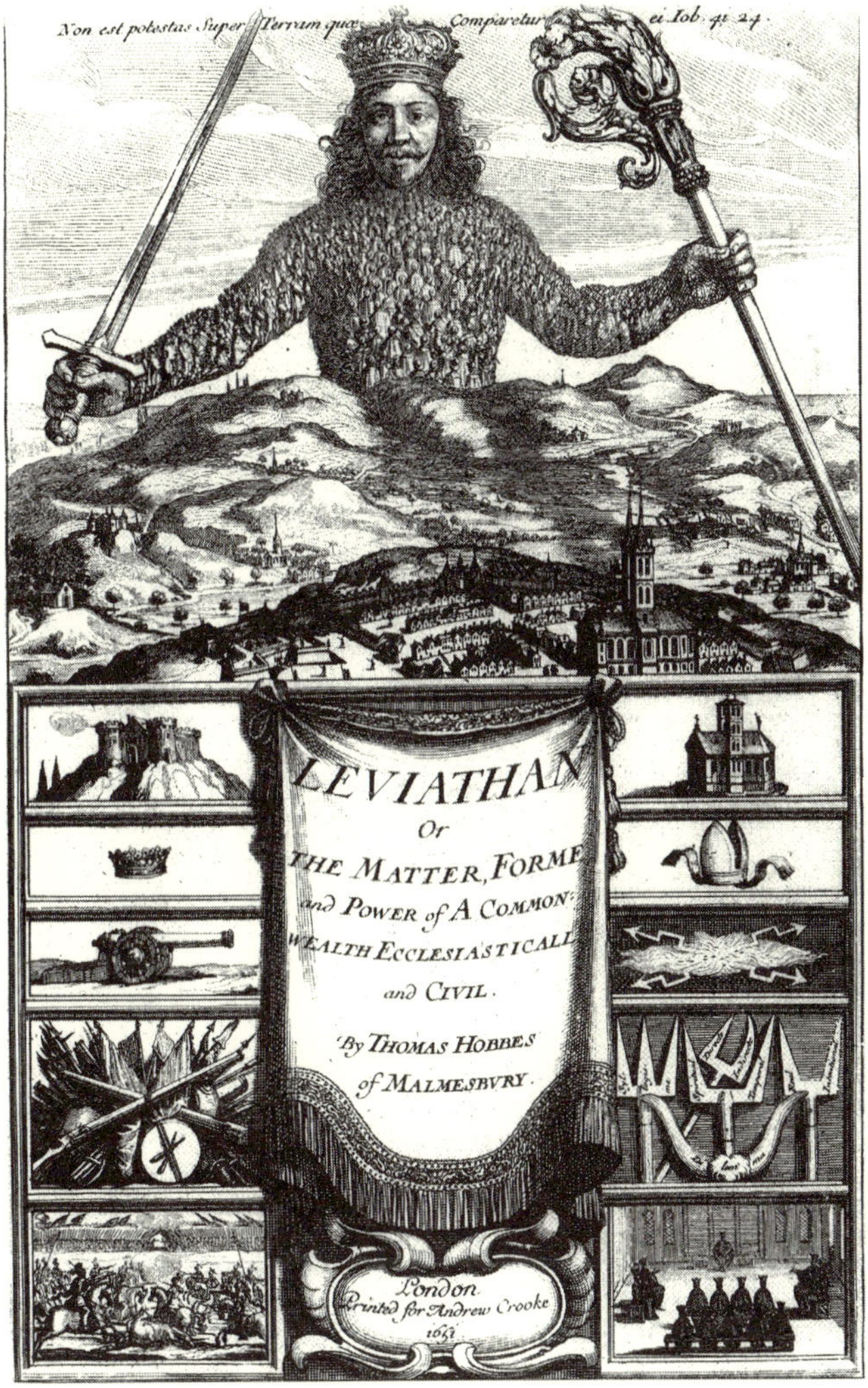

図1　トマス・ホッブズ『リヴァイアサン』初版の扉絵。
Thomas Hobbes, *Leviathan* (London: Andrew Crooke, 1651).

ちはその最も基礎的な諸原則すら手にしていない。

このエンブレムを解釈しようとする企てにおいて、私はこれがホッブズの意図においてはどのようなものであったとおぼしいかを忘れないように努めよう。つまりこのエンブレムは、覆いのかかったしかたでだとしても『リヴァイアサン』の問題の核心へと導いてくれるに違いない扉、もしくは境界線と見なされていたとおぼしい。このことが意味するのは必ずしも、私が『リヴァイアサン』の秘教的読解を提案しようと意図しているということではない。じじつ、同書についての重要なモノグラフを私たちに残しているカール・シュミットは、『リヴァイアサン』は秘教的な本であると幾度か示唆してはいる。彼は次のように書いている。「[……]この「リヴァイアサンの」イメージの背後に、より深い、秘密に充ちた意味が隠れているということもありうる。当時のあらゆる大思想家と同様に、ホッブズにも秘教的隠蔽に対する感覚があった。彼自身、自分について次のように言ったことがある。いわく、自分は「さわり《ウーヴェルチュール》」をやってみせることはあるが、本当の思考は半分しか覆いを取らない。ちょうど、窓を一瞬開き、嵐が怖くてまたすぐに閉めてしまう人たちのように振る舞う、というのである」[*2]。

　彼は一九四五年にも、ハーマン・メルヴィルの登場人物ベニト・セレーノの名で署名されたエルンスト・ユンガー宛ての手紙で、次のように書いている。「これは徹頭徹尾、秘教的な本［ein durch und durch esoterisches Buch］であって、おまえがこの本に入りこめば入りこむほどその内在的な秘教は高まっていく。だから、手を離したほうがよい！［……］秘法《アルカナ》に突進してはならない。そうではなく、ふさわしい形式で引き入れられ、入会を許されるまで待て。さもなければ、おまえは健康を害する憤怒に襲われて、壊滅させうるものの彼方にあるものまで壊滅させてしまうかもしれない」[*3]。

　これらの考察は明らかに、そこで参照されている当の本と同じほど秘教的ではあるが、それらが知っていると称する当の秘法《アルカナ》を捉えることには成功していない。秘教的な意図はすべて不可避的

＊2　Carl Schmitt, *Der Leviathan in der Staatslehre des Thomas Hobbes: Sinn und Fehlschlag eines politischen Symbols* (Köln: Hohenheim, 1982), pp. 43–44.〔『レヴィアタン　その意義と挫折』長尾龍一訳、『カール・シュミット著作集』第二巻（慈学社出版、二〇〇七年）五三―五四頁〕

＊3　Ernst Jünger & Schmitt, *Briefe 1930–1983*, ed. Helmuth Kiesel (Stuttgart: Klett-Cotta, 1999), p. 193.〔『ユンガー＝シュミット往復書簡』山本尤訳（法政大学出版局、二〇〇五年）一八五頁〕

に矛盾を含んでおり、その矛盾が神秘主義や哲学との違いをしるしづけている。すなわち、隠匿が真面目な何かであり冗談ではないのであれば、それは隠匿として経験されなければならないのであって、主体は自らが知らぬことしかできない当のものを知っていると称することはできない。反対に、それが冗談であるならば、秘教主義はなおのこと正当化されない。

そもそも、まさに私たちが専念している当の扉絵において、ホッブズが何か「秘教的な覆い」のようなものを暗示したということもありうる。じじつ、エンブレムの中央には、作品の題が書かれている一種の覆いもしくは幕が含まれており、理論上は、何がその背後にあるのか見ようとそれを引き上げることも可能だろう。シュミットは次のようにぬかりなく指摘している。「下部中央の幕は、ここでは多くが言われているのみならず、さらにいくつかのことが隠されているということを暗示している」[*4]。アルノルト・クラプマールの『公共体の秘法に関する全六巻』(一六〇五年)やクリストフ・ベゾルトの『公共体の秘法論』(一六一四

*4 Schmitt, "Die vollendete Reformation: Zu neuen Leviathan-Interpretationen," in *Der Leviathan in der Staatslehre des Thomas Hobbes*, p. 151.〔「完成した宗教改革 新しいレヴィアタン解釈について」、ペーター・コルネリウス・マイヤー-タッシュ『ホッブズと抵抗権』三吉敏博ほか訳(木鐸社、一九七六年)二七〇頁〕

年）から始まるバロック時代の政治理論の流れの一つに最も固有な意図とはまさに、権力の構造において可視的な面と、隠されたままでなければならない面（正真正銘の「統治の秘法〔arcanum imperii〕」）とを区別するという意図ではある。ホッブズの意図からこれほど遠いものもない。すでに示唆されたことがあるとおり、ホッブズは政治哲学を科学的基礎の上にはじめて措定しようと欲したのである。[*5] これ以降のページで、私たちはこの幕を引き上げようと試みることになるが、だからといってそれは、私たちがホッブズに秘教的な意図を割りあてようと意図しているということを意味するわけではない。読者たるもの、開陳されているものの細部や特有の様相を見逃さずにいられてはじめてその名にふさわしいと言えるが、仮にも、そのような抜け目のない読者たちを当てにする書きものを秘教的な書きものと呼びたいというのでもなければである。

＊5　以下を参照。Laurence Berns, "Thomas Hobbes," in Leo Strauss *et al.*, ed., *History of Political Philosophy* (Chicago: The University of Chicago Press, 1987), p. 396.

2

幕は古典世界の劇場にはすでに存在していた。しかし、それは上方から吊り落とされているのではなく、今日「ドイツ式」と言われている幕と同じように下方から引き上げられているもので、舞台背景《スケーネー》と丸舞台《オルケーストラ》のあいだの窪みに据えつけられていた。その反対に上方から幕を吊り落とすというのは、まるで演劇の舞台背景を隠さなければならない当のもの、それを現実から分離しなければならない当のものが、古代演劇におけるように大地にではなく、天に由来するというかのようである。そのように上方からも幕を吊り落とすということが始まったのがいつのことか私は知らない。今日、幕はカーテンのように中央から水平に開くのがふつうである。前舞台枠の幕の動きがこのように変異したことに対してしかじかの意味を割りあてることが正当なことかはわからない。いずれにせよ、『リヴァイアサン』の扉絵において権力の象徴的な中央を隠している幕もしくは覆いは、上方にある二つの結び目で支えられており、したがって大地からではなく天から吊り落とされているというわけである。

二

ホッブズの指示にしたがってイメージを実際に描いた芸術家が誰なのかは——大多数の研究者によればアブラム・ボスだが——、ここでは私たちの関心を惹かない。より興味深いのは、ホッブズがチャールズ二世のために準備させた、羊皮紙に手書きされた写しが存在するということである。そこでは扉絵のイメージは看過できないいくつかの違いを呈しているが、なかでも最も意味深いのが、リヴァイアサンの身体を形成している小さい人間たちが本のほうでは主権者の頭部のほうへとまなざしを向けているのに対して、その写しのほうでは読者のほう、つまり手稿の宛て先である当の主権者のほうへとまなざしを向けているということだ、というのは確かである（図2）。この意味では、二つの扉絵のあいだに真の違いはない。というのも、いずれのばあいも、臣民たちはまなざしを主権者（一方ではイメージに描かれ、他方では現実にそこにいる）へと向けているからである。エンブレムの上部ではリヴァイアサンが両手にもっている剣と司教杖《しきょうじょう》が交わっているが、そこには「ヨブ記」から引かれた「Non est potestas super terram quæ comparetur ei〔地上に彼と比べうるものはない〕」[*6]というラテン語の引用が読める。これは「ヨブ記」の最後の部分にあたるが、そこで神は、ヨブからのあらゆる抗議を黙らせるために、原初の怖ろしい獣を二頭、ヨブに対して描写する。その一方がビヒモス（ユダヤの伝承では巨大な雄牛として表象される）であり、他方が海の怪物リヴァイアサンである。リヴァイアサンの描写は、恐怖をもたらすその怪物の力を力説するものとなっている。「おまえはリヴァイアサンを針で釣りあげ／その舌を綱で留めておくことができるのか？〔……〕その首には力が宿り／彼の前には恐怖が走る。〔……〕その心臓は石のように／石

＊6　「ヨブ記」41:24.

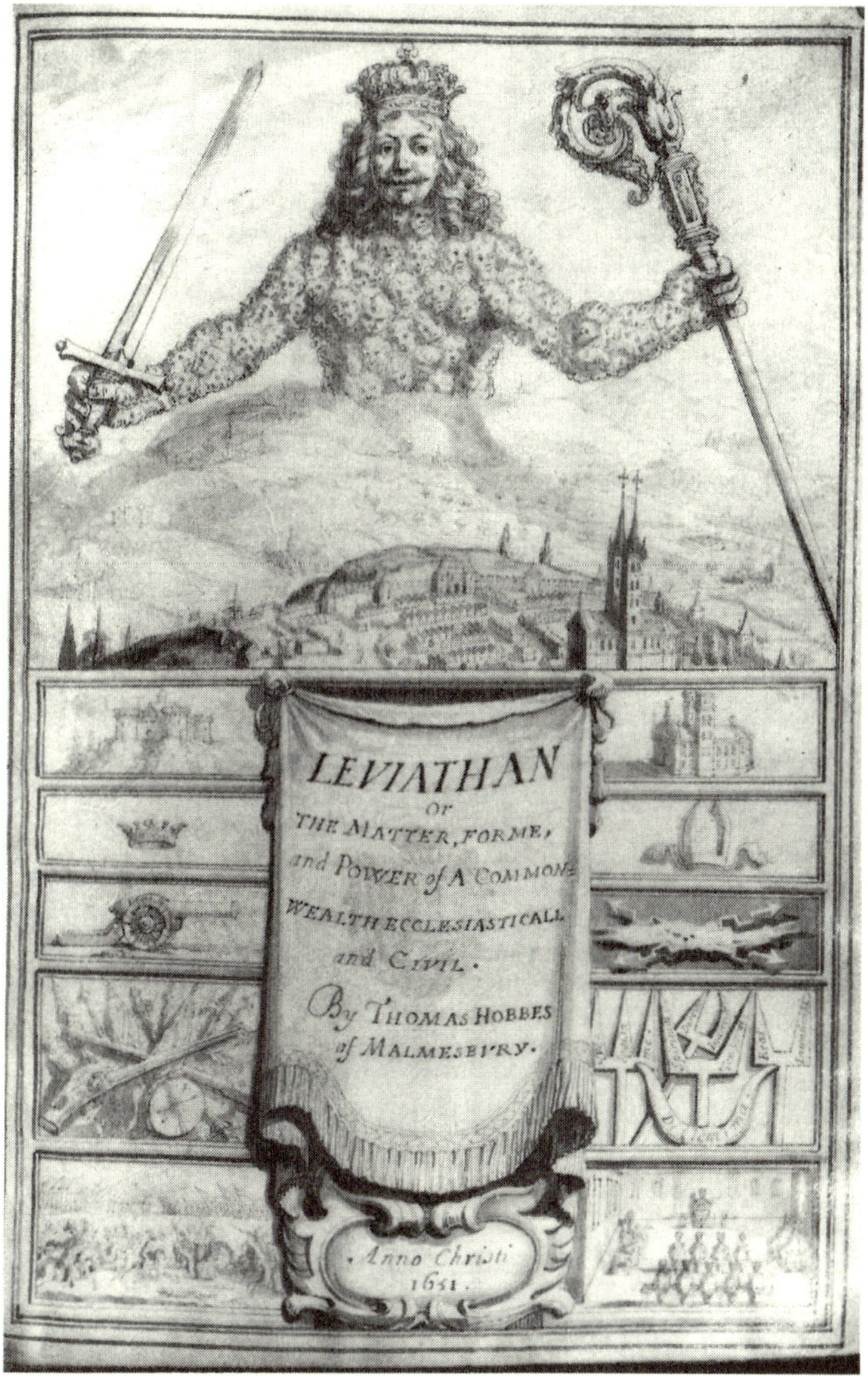

図2　アブラム・ボス〔あるいはヴァーツラフ・ホラルか〕による扉絵(羊皮紙への写し)。大英図書館蔵（Egerton MS 1910)。

臼の下石のように硬い。／彼が立ち上がれば強き者たちは恐れをなし／狼狽して茫然とする。／彼に加えられる剣は打撃とならない。／槍も矢も投げ槍もだ。／彼は鉄を藁と見なし／青銅を腐った木と見なす。〔……〕彼は鍋のように河を沸かし／海を軟膏壺にする。／彼の背後には白い跡ができ／深淵は白く現れる。／地上に彼と比べうるものはない。／彼は誰をも恐れぬよう作られている。／彼は高きものすべてを見る。／彼は傲慢さの息子たち全員の王なのだ」[*7]（ホッブズはウルガタ版にしたがっていると思われるが、そのラテン語では次のようになっている。「Non est super terram potestas, quæ comparetur ei, / qui factus est ut nullum timeret. / Omne sublime videt, / ipse est rex super universos filios superbiæ〔地上に彼と比べうるものはない。／彼は誰をも恐れぬよう作られている。／彼は崇高なものすべてを見る。／彼は尊大さの息子たち全員に君臨する王なのだ〕」）。ホッブズは『リヴァイアサン』第二十八章で聖書のこの一節を明白に参照し、傲慢さやその他の情念によって人間たちが従わせら

＊7　（訳註）「ヨブ記」40:25–41:26.

れる当の主権者の権力を「リヴァイアサンに」譬えたと書いている。「この比較は「ヨブ記」第四十一章の最後の二節から取ったものである。そこで神はリヴァイアサンの大きな力を示し、彼を慢心ある者たちの王と呼んでいる。神は次のように言っている。「地上に彼と比べうるものはない。彼は恐れぬよう作られている。彼は高いものすべてを下に見る。彼は慢心の子どもたち全員の王なのだ」[*8]。これらの動物はユダヤの伝承においてもキリスト教の伝統においても特有の終末論的意味をもっているが、その意味については私たちは後で立ち戻ることができるだろう。

このラテン語の引用はいわばエンブレムのモットーとなっているが(この扉絵もまたエンブレム文献の伝統に書きこまれているが、その伝統においてはイメージはつねにモットーないし銘をともなっている)、そのすぐ下に見えるのは巨大な形象である。その上半身——その身体の可視的な部分はそれだけである——は、小さな人間の形象の群《マルチチュード》がりで形成されている。これは、協定に

*8 Thomas Hobbes, *Leviathan*, ed. Richard Tuck (Cambridge: Cambridge University Press, 1991), p. 221 [2, 28].〔『リヴァイアサン』第二巻、水田洋訳(岩波書店、一九六四年〔一九九二年〕)二三七頁〕

よって群がり《マルチチュード》が「一つの人格へ」[*9]と統一されるというホッブズの教説にしたがっている。巨人は王冠を頭に帯び、右手には現世の権力の象徴である剣を、左手には霊的権力の象徴である司教杖をもっている。霊的権力というのは、ホッブズが好んでいる言いかたで言えば教会権力のことである。ハンス・バリオンの指摘するところでは、この形象は中世の教会の表象とは左右逆になっている。中世の教会の表象では右手が司教杖を、左手が剣をもっているというのである。[*10]

　前景には、巨人の身体の残りを覆うようにして、村の散在する起伏のある風景があり、それが都市のイメージへと続いている。都市には、大聖堂（司教杖に対応する左側にある）と要塞（剣に対応する右側にある）が明瞭に認められる。

　扉絵の下部は、上部から一種の枠によって分割されている。そこには、巨人の左右の腕に対応するように、両側にそれぞれ五つの小さなエンブレムが含まれている。その一方は現世の権力を参照するものであり（要塞、王冠、大砲、一揃いの旗、戦い）、他

*9　Hobbes, *Leviathan*, p. 120 [2, 17].〔『リヴァイアサン』第二巻、三三頁〕

*10　（訳註）以下を参照。Hans Barion, "Saggi storici intorno al Papato dei Professori della Facoltà di Storia Ecclesiastica," *Zeitschrift der Savigny-Stiftung für Rechtsgeschichte: Kanonistische Abteilung*, 46, no. 1 (Weimar: Hermann Böhlau, August 1960), p. 500.

方は教会権力を参照するものである（教会、司教冠、破門の雷、三段論法の象徴、一種の公会議）。それらのあいだに、本の題が書かれた幕がある。

三

このエンブレムの解釈は、巨人リヴァイアサンの形象から始めなければならない。研究者たちは、リヴァイアサンのもつ国家の象徴としての意味につねに足を止めてきた。そのため彼らは他の当然の問いを、たとえばだがリヴァイアサンがどこに位置しているのかという問いを立てずにきた。このイメージを構成している他の諸要素に対して、リヴァイアサンはどこに位置づけられるのか？

ラインハルト・ブラントはある模範的な研究において、ウィトルウィウス的規準の比率にしたがって、つまり頭部が身体全体の八分の一に対応するものと想像して、まなざしから隠れてしまっている巨人の身体の部分を図示しようと試みた[*11]（図3）。その結果としてできる人間の形象は、扉絵ではちょうど「Thomas Hobbes of Malmesbury〔マームズベリのトマス・ホッブズ〕」という名が書かれている点に足が浮いているように思われる。私は「浮いている」と言ったが、それは足が地面の上か水中か、どこに乗っているのか明瞭ではないからである。起伏のある風景の向こう側には海がありそうに思えるが、そのように想定するならば、このことは次の事実と完璧に合致する。すなわち、聖書の伝承においては、ビヒモスが地上の動物であるのに対して、リヴァイアサンのほうは海の動物、一種の巨大な魚ないしは鯨であるとされている。「針で釣りあげ」ることはできないとしてもである（ジョン・ブラムホールはホッブズに対する悪意ある論争において、本に出てくるリヴァイアサンは「獣でも魚でもなく〔……〕神と人間と魚の混ぜもの」、つまりはホッ

*11　以下を参照。Reinhard Brandt, "Das Titelblatt des *Leviathan* und Goyas *El Gigante*," in Udo Bermbach *et al.*, ed., *Furcht und Freiheit: Leviathan — Diskussion 300 Jahre nach Thomas Hobbes* (Opladen: Westdeutscher Verlag, 1982), pp. 211–212.

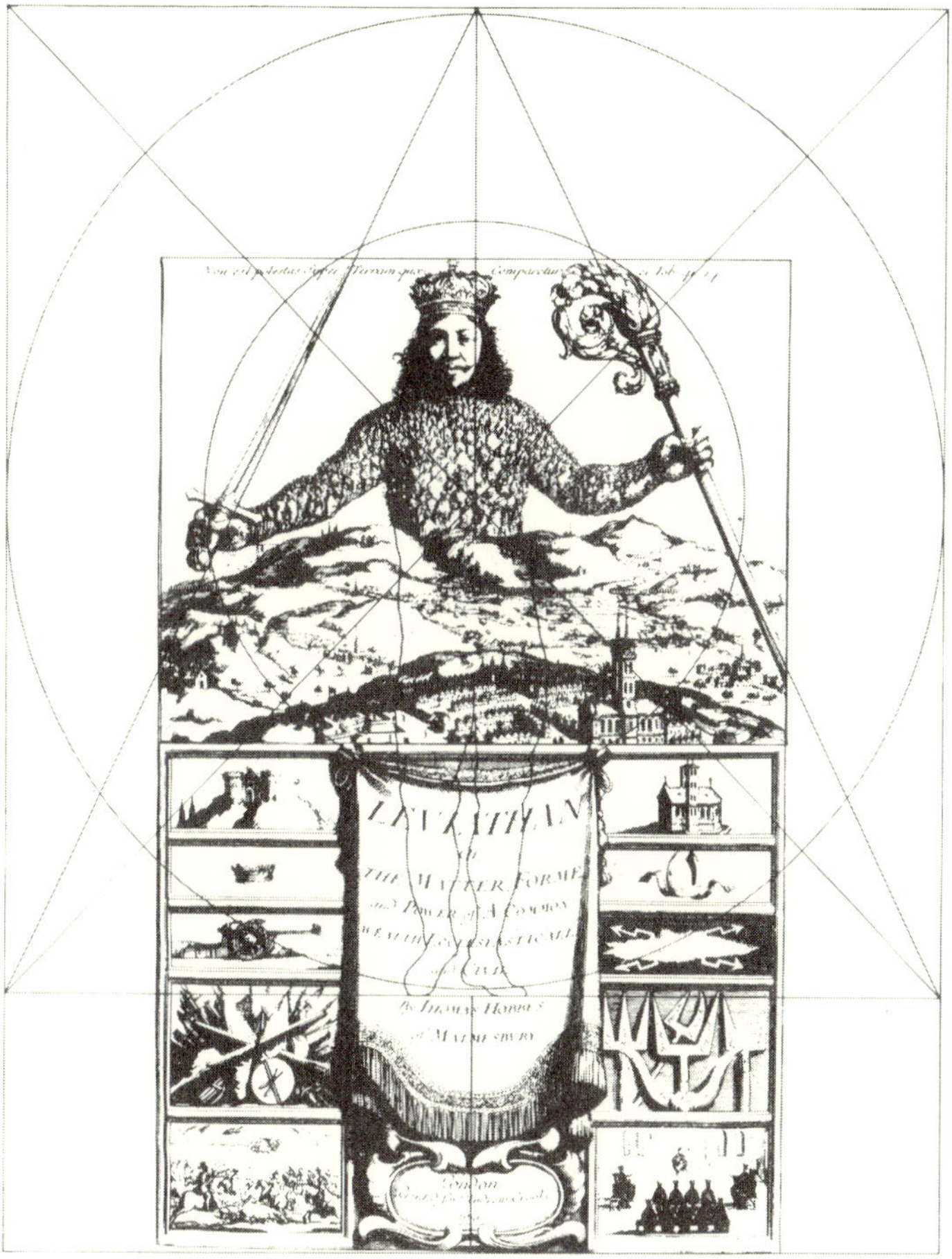

図3 『リヴァイアサン』扉絵にラインハルト・ブラントが重ね書きした図。
Reinhard Brandt, "Das Titelblatt des *Leviathan* und Goyas *El Gigante,*" in Udo Bermbach *et al,* ed., *Furcht und Freiheit: Leviathan — Diskussion 300 Jahre nach Thomas Hobbes* (Opladen: Westdeutscher Verlag, 1982), p. 202.

ブズ自身だと示唆しているが、そのブラムホールは「真の、文字どおりのリヴァイアサンは鯨である」[*12]と断言している）。ビヒモス－リヴァイアサンという対置が大地と海のあいだの根本的な地政学的対置に対応しているとするシュミットの仮説は、このようにしてこの扉絵において確証を見いだすというわけである。

いずれにせよ決定的なのは——大地と海の対置を超えた先で——、「可死的な神」、「人工的人間に他ならない、公共体《コモン－ウエルス》もしくは国家と呼ばれるもの」（ホッブズは序で、リヴァイアサンをこのように定義している）が、都市のなかにではなく都市の外に住まっているという驚くべき事実である。リヴァイアサンの場は都市の壁の外であるのみならず、その領土の外でもある。それは無主地ないし海のなか——いずれにせよ都市のなかではないところ——である。公共体《コモン－ウエルス》、政治体《ボディ・ポリティカル》[*13]は都市の物理的身体とは一致しない。この変則的状況をこそ私たちはこれから理解しようとすべきなのである。

*12 John Bramhall, *The Catching of Leviathan, or the Great Whale*, in *Castigations of Mr. Hobbes, His Last Animadversions, in the Case Concerning Liberty and Universal Necessity* (London: Crook, 1658), p. 459.

*13 （訳註）「公共体《コモン－ウェルス》〔Commonwealth〕」「政治体《ボディ・ポリティカル》〔body political〕」は、本書第一章における「都市〔città〕」と同様、国家を指す。

四

このエンブレムにはこれとは別の変則もある。それは先ほどの変則に劣らず謎めいている、そしてまず間違いなくそれと関連している変則である。その変則とは、何人かの武装衛兵を除けば、また、私たちが間もなく専念する必要のある、大聖堂の近くに位置している非常に特別な二人の人物像を除けば、都市が完璧に住民を欠いているということである。街路は完璧に空虚であり、都市には誰も住んでおらず、そこには誰も生きていない。都市の住民が全員リヴァイアサンの身体へと移ったのだという説明も可能ではある。しかしそれでは、主権者のみならず人民もまた自らの場を都市のなかにもたないということが含意されることになる。

つまり、扉絵の政治的エンブレムには、私たちがこれから解決しようとしなければならない謎もしくは判じものが含まれている。なぜリヴァイアサンは都市に住まっていないのか？　なぜ都市には誰も住んでいないのか？　これらの問いに回答しようとする前に、また別の研究の導く諸結果を検討するのがよいだろう。その諸結果は、「公共体《コモン－ウェルス》もしくは国家と呼ばれる」人工的人間の一貫性自体を問いに付すものである。

五

ノエル・マルコムは『リヴァイアサン』の扉絵に関する論考で、ホッブズが『リヴァイアサン』を執筆していたのと同じ時期に書いた「ダヴェナント『コンディバート』序文に対する回答」の一節に注意を喚起している。ホッブズの全作品中には光学論が二作あるが（一六四四年の『屈折光学論』と一六四六年の『光学第一草案』)、その彼が、当時流行だったらしい光学装置をその「回答」の一節で描写している。「あなたは次のような奇妙なたぐいの遠近法の仕掛けを見たことがあるでしょう。短い中空の筒を通して、さまざまな人物像を含む一枚の絵を見ると、そこに描かれている人物たちは誰一人として見えず、それらの人物の各部分から作りあげられた一人の人物が見えるというものです。この一人の人物は、ガラスの人工的なカットによって目へと運ばれています[*14]」(図4、図5)。

ホッブズが序で示唆しているとおり、リヴァイアサンが自動機械もしくは「時計がそうするようにバネや歯車によって自分から動く道具」に譬えうる人工物だということは、これまでも完璧に知られていたことではある。しかしマルコムの研究は、それが機械仕掛けの装置ではなく、むしろ光学装置だということを了解させてくれる。無数の小さな人物像によって形成されるリヴァイアサンの巨大な身体は、人工的だからといって一つの現実だというわけではない。それは光学的幻影、ブラムホールが論争的なしか

*14　Malcolm, "The Titlepage of *Leviathan*, Seen in a Curious Perspective," p. 125.

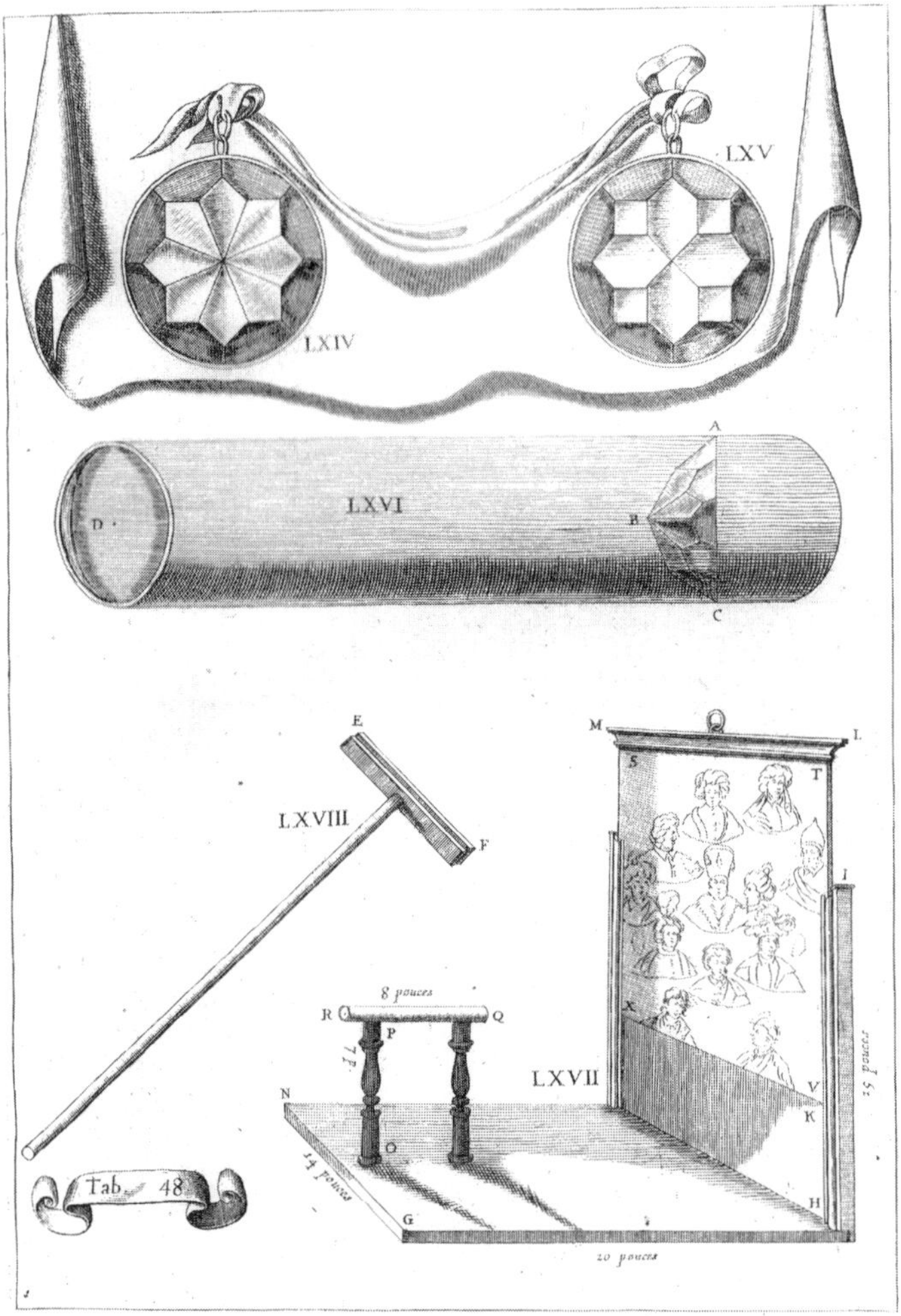

図４　ジャン－フランソワ・ニスロンの光学装置。
Jean-François Niceron, *La perspective curieuse, ou Magie artificielle des effets merveilleux* (Paris: Pierre Billaine, 1638), tab. 48.

図5　ニスロンの光学装置で用いる絵。
Niceron, *La perspective curieuse, ou Magie artificielle des effets merveilleux,* tab. 49.

たで定義づけていたとおり「単なる幻想〔a meer phantasme〕」なのである。しかしながら、光学は当時、科学的パラダイムとしての威信を増していた。そのいや増す威信に見あって、このからくりは効果的なものとなっている。というのも、これは多数性に統一性を授けることを可能にするからである。

リチャード・ファンショーはジョヴァンニ・バッティスタ・グアリーニの『忠実な羊飼い《パストル・フィド》』を翻訳し、その翻訳のための献呈書簡（一六四七年）を書いたが、ホッブズがおそらく知っていただろうその書簡の一節は、『リヴァイアサン』のエンブレムの起源にあるのがまさにこのたぐいの装置かもしれないということを確証してくれるように思われる。「殿下は、ある絵をパリでご覧になったことがあるかもしれません〔……〕。それは見事なしかたで設計されているため、ふつうのしかたで見る者には小さな顔の群がりを呈するけれども〔……〕、それと同時に、ある遠近法の仕掛け〔……〕を通して見る者には、大法官その人の大きな肖像がただ一つ見えるというものです。画家はそうすることで〔……〕

さらに精妙な哲学によって、政治体がどのようにして多くの自然的な身体から構成されるかを、またそれらの自然的な身体のそれぞれが頭、両目、両手その他からなる無欠のものでありながらどのようにしてそれが他の身体における頭、片目、片手であるのかを、そしてまた公的な人間が破壊されれば私的な人間たちは保存されえないということを［……］ほのめかしています[*15]」。

市民の群がり《マルチチュード》を単一の人格へと統一することは、遠近法の仕掛けによる幻像のようなものである。政治的代表は光学的表象にすぎない（が、だからといってより効果的でないというわけではない）。

六

このエンブレムが読者に対して立てる謎は、住民のいない空虚

*15 Malcolm, "The Titlepage of *Leviathan*, Seen in a Curious Perspective," p. 126.

な都市という謎、地理的境界の外に位置する国家という謎である。ホッブズの政治思想において、この一見した難問に対応しうるのは何か?

ホッブズは『市民論』において「人民(populus)」と「群がり《マルチチュード》(multitudo)」を区別し、自分の根本的定理の一つを「逆説(paradoxum)」であると定義づけているが、このときホッブズ自身がこの難問に対する一つの回答を示唆してくれている。

彼は『市民論』で次のように書いている。「人民とは一である何か[unum quid]である。それは一つの意志をもち、それには一つの行動を割りあてることができる。群がり《マルチチュード》についてはこのようなことは何も言うことができない。人民はあらゆる都市において君臨している[populus in omni civitate regnat]。つまり、君主制においても人民が命令している。というのは、人民は一人の人間の意志を通じて意志するからである。群がり《マルチチュード》とは市民たち、つまり臣民たちのことである。民主制や貴族制においては、市民たちは群がり《マルチチュード》であるが、議会が人民である[curia est populus]。

君主制においては、臣民たちは群《マルチチュード》がりであり、これは逆説ではあるが［quamquam paradoxum sit］、王が人民である［rex est populus］。庶民や、このことがわからないその他の者たちは、多数の人間についてそれがまるで人民であるというかのように、つまりそれが都市［civitas］であるというかのようにつねに語り、都市が王に対して反抗したなどと言うが、それは不可能なことである。あるいはまた彼らは、ぶつぶつ言う不穏な臣民たちが意志したりしなかったりしている当のものを、人民が意志したりしなかったりしているなどと言う。彼らは人民という口実を使って、市民たちに都市に対して、つまり群《マルチチュード》がりに人民に対して反乱するよう吹きこむ」[*16]。

この逆説について省察してみよう。この逆説には、断絶（「群《マルチチュード》がり」／「人民」——市民たちの群《マルチチュード》がりは人民ではない）と一致（「王が人民である」）がともに含意されている。人民が主権者であるのは、自分から自分を分割し、自分を「群《マルチチュード》がり」と「人民」へと分断するという条件下でのことである。だが、現実の事物が

＊16　Hobbes, *De cive*, ed. Howard Warrender (Oxford: Clarendon Press, 1983), p. 190 [12, 8].〔『市民論』本田裕志訳（京都大学学術出版会、二〇〇八年）二三九頁〕

——ホッブズの関心をあれほど惹いていた自然的身体の群がり《マルチチュード》のことである。一六五一年四月十五日、彼は『リヴァイアサン』の締めくくりに「私は、自然的身体に関する中断されていた思弁に戻る」[*17]と書いている——どのようにして単一の人格になるということがありうるのか？　ひとたび王のなかへと統一されたならば、身体たちの群がり《マルチチュード》はどうなってしまうのか？

＊17　（訳註）Hobbes, *Leviathan*, p. 491〔"A Review, and Conclusion"〕.〔『リヴァイアサン』第四巻、水田洋訳（岩波書店、一九八五年）一七三頁〕

Z

ホッブズの公理が逆説であるということは、ザムエル・フォン・プーフェンドルフによって『リヴァイアサン』註解において強調されている。「「人民とは一である何か［unum quid］である。それは一つの意志をもち、それには一つの行動を割りあてることができる。群がり《マルチチュード》についてはこのようなことは何も言うことができない」［……］。これに続く「人民はあらゆる都市において君臨している［populus in omni civitate regnat］」というのがつまるところ明らかに空虚なはったりだとしてもである。じじつ、人民というのは都市全体を指すか、臣民たちの群がり《マルチチュード》を指すかである。第一の意味であればその結果は「人民、つまり都市はあらゆる都市において君臨している」という莫迦《ばか》げた言い回しになる。第二の意味であれば「人民、つまり王と判別される市民たちはあらゆる都市において君臨している」となるが、これは偽である。これに続けて、「君主制においても人民が命令している。というのは、人民は一人の人間の意志を通じて意志するからである」となっているが、「君主制の都市においては、都市は君主によって意志されたことを意志したものと見なされる」と言うほうがより平明だっただろう。「王が人民である」という逆説〔illud paradoxum: rex est populus〕を、これ以外の意味で説明することはできない」[*18]。プーフェンドルフのような法学者の見かたでは、この逆説は「法的擬制〔fictio juris〕」として解釈すれば解決されるものである。それに対してホッブズにおいては、この逆説はその生々しさをまるごと保存している。すなわち、主権者は真に人民なのである。というのも、主権者は——光学的なからくりに

*18 Samuel von Pufendorf, *De jure naturæ et gentium liber septimus*, in *Gesammelte Werke*, 4-2, ed. Frank Böhling (Berlin: Akademie Verlag, 1998), pp. 651–652.

よってだとしても――臣民たちの身体から構成されているからである。

七

これらの問いに対する回答は『市民論』第七章にある。そこでホッブズは、人民は主権者を選ぶまさにその瞬間に、混乱した群《マルチ》がり《チュード》へと解体される、とはっきり断言している。このことは君主制においては次のようにして起こる。すなわち、王が選ばれるやいなや「人民はもはや一つの人格ではなく、解体された群《マルチ》がり《チュード》である［populus non amplius est persona una, sed dissoluta multitudo］。なぜならば、人民が一つの人格だったのはただ主権的権力［summi imperii］の力によるが、それを人民は自分から王へと移してしまったからである」[*19]。それだけではなく、この解

*19 Hobbes, *De cive*, p. 155 [7, 11].〔『市民論』一六四頁〕

体は民主制や貴族制においても起こる。そこでは「議会が立ち上げられると同時に人民は解体される［ea erecta, populus simul dissolvitur］」[*20]。

この「解体された群がり《マルチチュード》〔dissoluta multitudo〕」はホッブズの政治システムをまるごと再考することを強いるものであって、そのありかたを省察しなければこの逆説の意味は理解されない。人民——政治体《ボディ・ポリティカル》——は一瞬のみ、人民が「自らの人格を担わせるべく、一人の人間ないし人間たちの議会を任命する」[*21]一点においてのみ存在する。だがこの一点は、人民が「解体された群がり《マルチチュード》」へと消え去ることと一致している。つまり政治体とは、群がり《マルチチュード》と「人民－王〔populus-rex〕」とのあいだの緊張においてのみ存在している不可能な概念なのである。政治体は、主権者が構成されることにおいて、つねにすでに解体されようとしている。他方、主権者のほうは「人工的人格〔artificiall person〕」[*22]であって、その統一性は光学装置の、もしくは仮面の効果なのである。

もしかすると、ホッブズの思想の根本概念は「身体（body）」

＊20　Hobbes, *De cive*, p. 154 [7, 9].〔『市民論』一六三頁〕

＊21　Hobbes, *Leviathan*, p. 120 [2, 17].〔『リヴァイアサン』第二巻、三三頁〕

＊22　Hobbes, *Leviathan*, p. 111 [2, 16].〔『リヴァイアサン』第一巻、水田洋訳（岩波書店、一九五四年［一九九二年］）二六〇頁〕

という概念であって、彼の全哲学は「身体について〔de corpore〕」[*23]の熟考であるのかもしれない（このことが彼をバロックの思想家にしている。バロックとは身体と覆いの合一のことだと定義できるならばである）。とはいえ、ホッブズが『自然法および国家法の原理』で断っているとおり、「人民が、人民に主権をおよぼす者ないし者たちから判別される身体〔a distinct body〕であるというのは〔……〕誤りである」[*24]ということを明確にしておくのが条件ではある。

『リヴァイアサン』において、ホッブズは『市民論』の逆説に明示的に言及してはいないが、第十八章「制度による主権者の諸権利について〔On the Rights of Sovereigns by Institution〕」を注意深く読解すれば、群がり《マルチチュード》の逆説的なありかたを明確化することができる。そこでホッブズは次のように書いている。いわく、しかじかの協定によって主権的権力を一つの人格に授けることを余儀なくされた群がり《マルチチュード》の構成員たちは「何についてであれ、自分たちが他の誰かに服従するとする新たな協約を、主権者の許

＊23　（訳註）『自然法および国家法の原理』第一部にあたる『物体論〔De corpore〕』（一六五五年）――『リヴァイアサン』によって執筆が中断されていた当の論考――が参照されている。

＊24　Hobbes, *The Elements of Law, Natural and Politic*, ed. Ferdinand Tönnies (London: Frank Cass, 1969), p. 174 [2, 27, 9].〔『自然法および国家法の原理』『哲学原論　自然法および国家法の原理』伊藤宏之ほか訳（柏書房、二〇一二年）一三七五頁〕

可なしに自分たちのあいだで合法的に作ることはできない。したがって、君主の臣民となっている者たちは、君主の許しなしに君主制を打ち捨てて、統一されていない群《マルチチュード》がりの混乱に回帰する［and return to the confusion of a disunited Multitude］ことはできない。彼らはまた彼らの人格を、いまそれを帯びている者から別の人間へ、もしくは人間たちからなる別の議会へと移すこともできない」[*25]。

これは一見すると『市民論』の言いかたと矛盾しているが、ホッブズがしているように、協定に先行する「統一されていない群《マルチチュード》がり（disunited multitude）」と協定の後の「解体された群《マルチチュード》がり（dissoluta multitudo）」とを区別すれば、この矛盾は容易に解決される。人民－王という逆説が構成されるというのは、群《マルチチュード》がりから発して群《マルチチュード》がりへと戻って行くプロセスなのである。しかし、人民が解体されてしまった後の解体された群《マルチチュード》がりは、統一されていない群《マルチチュード》がりとは一致しえない。解体された群《マルチチュード》がりは、新たな主権者を任命できると称することはできない。統一されてい

＊25　Hobbes, *Leviathan*, p. 122 [2, 18].〔『リヴァイアサン』第二巻、三六―三七頁〕

ない群《マルチチュード》がり——人民／王——解体された群《マルチチュード》がりという循環は一点で破断されており、最初の状態に戻ろうとする企ては内戦と一致する。

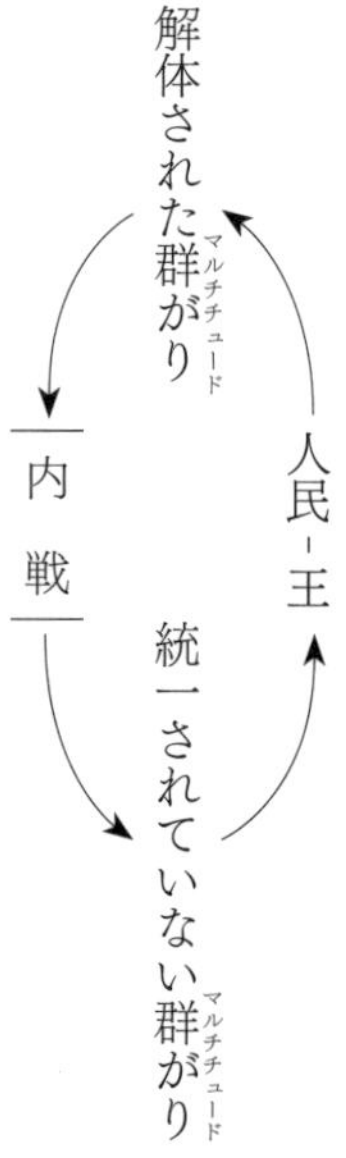

八

いまや私たちは、あのエンブレムにおいてリヴァイアサンの身体が都市のなかに住まうことができずに一種の場なき場に浮いているのはなぜか、また都市に住民がいないのはなぜかを理解することができる。ホッブズにおいて群《マルチチュード》がりは政治的意味をもたず、それは国家が存在しうるために消え失せなければならないものだ、というのは常套句である。だが、私たちによる逆説の読解が正しければ、つまり、統一されていない群がり《マルチチュード》から構成される人民が新たに群がり《マルチチュード》へと解体されるのであれば、群がり《マルチチュード》は人民／王よりも前に存在しているのみならず、「解体された群がり《マルチチュード》〔dissoluta multitudo〕」として人民／王の後にも存在し続けるわけである。消え失せるのはむしろ主権者の人格のなかへと移された人民であって、それは「あらゆる都市において君臨している」が、そこに住むことはできない。群がり《マルチチュード》は政治的意味をもたない。それは非政治的要素であって、都市はその要素を排除するところに基礎を置いている。しかしながら、都市にいるのは群がり《マルチチュード》だけである。というのも、人民はつねにすでに主権者のなかへと消え去ったからである。だが群がり《マルチチュード》は、「解体された群がり《マルチチュード》」である以上は、文字どおり代表不可能〔表象不可能〕である[*26]――というよりもそれは、扉絵のエンブレムにおいて起こっているように、間接的にしか表象されえない。

*26 〔訳註〕「rappresentare」には「代表する」と「表象する」の二つの意味がある。ここでは、群がり《マルチチュード》は人民－王として主権を行使する存在にもなれないし、住民として描かれることもできない、ということ。

空虚な都市に、奇妙にも武装衛兵たちと二人の人物がいるということに私たちはすでに言及しておいたが、いまやその身元を明らかにするときである。フランチェスカ・ファルクは、大聖堂の正面に立っている二人の人影がペストの医師のかぶる嘴《くちばし》つきの仮面を着けているということに注意を喚起している。この細部はホルスト・ブレーデカンプによってすでに指摘されていたが、彼はそこからいかなる帰結も引き出していなかった。それに対してフランチェスカ・ファルクは、疫病のあいだに医師たちが獲得していた政治的な（もしくは生政治的な）意味を強調しているが、それはもっともなことである。彼らがエンブレムに姿を見せているということは「選択と排除を想起させ、疫病と健康と主権をイメージのなかで互いに関連づける」[*27]。表象不可能な群《マルチチュード》がりはペスト患者たちの群れにも似て、彼らの服従を監視する衛兵を通じてしか、また彼らを手当てする医師たちを通じてしか表象されえない。群《マルチチュード》がりは都市に住まっているが、それはただ、主権を行使する者たちの義務と配慮の対象としてにすぎない。

＊27　Francesca Falk, *Eine gestische Geschichte der Grenze: Wie der Liberalismus an der Grenze an seine Grenzen kommt* (München: Wilhelm Fink, 2011), p. 73.

これは、ホッブズが『市民論』第十三章（および『リヴァイアサン』第三十章）で明瞭に断言していることである。そこで彼は、「統治者の役務はすべて、「人民の健康は最高の法［salus populi suprema lex］」という一言のうちに含まれている」ということに触れた後、次のように断る必要を覚えている。「人民というのは、一つの都市人格を、つまり君臨する都市自体をではなく、君臨されるほうの市民の群がり《マルチチュード》［multitudo civium qui reguntur］を意味している」。また、「健康」というのは「どのようであれ生が保存されているということのみならず、できるかぎり至福である生という意味に取らなければならない」[*28]。あの扉絵のエンブレムは、ホッブズにおける群がり《マルチチュード》の逆説的なありかたを完璧に描き出すものである一方で、主権的権力が完了させようと準備していた生政治的転換を告知する伝令でもある。

だが、扉絵にペストの医師たちが含められていることは、また別の理由によっても説明される。ホッブズはトゥキュディデスを翻訳しているとき、アテナイのペストを「anomia〔無法〕」（ホッ

*28　Hobbes, *De cive*, pp. 195–196 [13, 2-4].〔『市民論』二五〇—二五一頁〕

ブズは「licentiousness〔放縦〕」と訳している）および「metabolē〔変遷〕」（ホッブズは「revolution〔革命〕」と訳している）の起源として定義づけている一節に出くわした。「大いなる放縦〔anomia〕は、その他のたぐいのものも都市内におこなわれたが、はじめはこの疾病から始まった。以前であれば隠し、自分の肉欲のためにするなどとは認めなかったようなことを、いまや人はあえて自由におこなっていた。目の前に見えていたのは、金持ちが死に、何にも値しない人間が彼らの財産を相続するという素早い革命だった〔And the great licentiousness, which also in other kinds was used in the city, began at first from this disease. For that which a man before would dessemble, and not acknowledge to be done for voluptuousness, he durst now do freely ; seeing before his eyes such quick revolutions, of the rich dying, and men worth nothing inheriting their estates〕」。[*29]

　リヴァイアサンの支配下で都市に住む「解体された群《マルチチュード》がり〔dissoluta multitudo〕」は、配慮と統治の対象とならねばならな

＊29　Hobbes, *The History of the Grecian War Written by Thucydides*, in *The English Works*, 8, ed. William Molesworth (London: John Bohn, 1843), p. 208 [2, 53].

いペスト患者たちの群れと同一視できる、という考えがここから生じてくる。それに、リヴァイアサンの臣民たちの置かれた条件がいわば病者たちの置かれた条件と同一視できるということは『リヴァイアサン』第三十八章の一節においては暗黙のものとなっている。そこでホッブズは「イザヤ書」第三十三章第二十四節を註解して、神の王国においては住民たちの置かれた条件は病気ではないということだと書いている（「救済された者たちの置かれた条件は、「住民は「私は病気だ」と言うことがないであろう」である〔The condition of the Saved, The Inhabitant shal not say, I am sick〕」）[30]。それはまるで、それとは対照的に、俗的王国における群がり《マルチチュード》の生のほうは必然的に解体というペストにさらされているというかのようである。

＊30 Hobbes, *Leviathan*, p. 317 [3, 38].〔『リヴァイアサン』第三巻、水田洋訳（岩波書店、一九八二年）一五五頁〕

九

人民というのは西洋の政治的伝統の根本概念かもしれないものだが、それによってしるしづけられる内奥的矛盾が意識にまで達するのはホッブズの思想においてである。西洋の哲学的－政治的な語彙において、政治的な形容を付される身体としての人民《ポーポロ》を表す用語自体が、それとは正反対の現実、つまり政治的な形容を付されない群がり《マルチチュード》としての民衆《ポーポロ》をも指しうるということは指摘されてきた。[*31] つまり、「人民」概念は内的分断を含んでいるのであって、その分断は人民を、人民と群がり《マルチチュード》、「dēmos〔人民〕」と「plēthos〔群がり〕」、人口と人民、富裕人民《ポポロ・グラッソ》と零細人民《ポポロ・ミヌート》へとつねにすでに分割し、それによって人民が一つの総体として全面的に現前することを妨げている。というわけで、憲法の観点から

*31 以下を参照。Reinhart Koselleck, "Volk, Nation, Nationalismus, Masse," in Otto Brunner *et al.*, ed., *Geschichtliche Grundbegriffe*, 7 (Stuttgart: Klett-Cotta, 1992), p. 145.

すると、一方では、人民はしかじかの意識的同質性によってすでにそれ自体で定義づけられるのでなければならない。その同質性がいかなる種類のもの（民族的種類、宗教的種類、経済的種類……）であるにせよである。つまり、人民はつねにすでに人民自体に対して現前しているのでなければならない。だが他方では、人民は政治的統一性としては、自らを表象〔代表〕する人間たちを通じてしか現前することができない。なるほど、少なくともフランス革命以降、人民は憲法制定権力の保持者ではある。だが、そのことを認めるとしても、人民は憲法制定権力の保持者としては、必然的に、あらゆる法的‐憲法的な規定の外に見いだされるのでなければならない。シエイエスが次のように書くことができたのはそのためである。いわく、「この地上の諸国民を、社会的な紐帯の外にある、もしくはいわゆる自然状態にある諸個人として、構想しなければならない〔on doit concevoir les nations sur la terre comme des individus hors du lien social ou, comme on dit, dans l'état de nature〕」。また、一国民は「憲法的な諸形式に拘束されてはならないし、拘束されることもできない〔……〕〔ne doit ni ne peut s'astreindre à des formes constitutionnelles […]〕」[*32]。しかしながら、それと同じ理由によって、国民は代表者たちを必要とするとされる。

つまり、人民とは、人民としてけっして現前しえない、したがってただ表象〔代表〕しかされえない絶対的現前者のことである。人民を指すギリシア語の用語である「dēmos」から取って、人民の不在を「アデミア」と呼ぶならば[*33]、ホッブズの国家は、あらゆる国家と同じく、永続的アデミアという条件において生きていると言える。

N

「人民」という用語が、つねにすでにそれ自体で群がり《マルチチュード》を含んでいるかぎりにおいて危険な、構成的な両義性をはらんでいるということを、ホッブズは完璧に意識していた。というわけで、彼は『自然法および国家法の原理』において次のように書いている。

*32　Emmanuel Sieyès, *Qu'est-ce que le Tiers état ?*, ed. Roberto Zapperi (Genève: Droz, 1970), p. 183.〔『第三身分とは何か』稲本洋之介ほか訳（岩波書店、二〇一一年）一〇九—一一〇頁〕

*33　（訳註）「アデミア〔ademia〕」は「人民〔dēmos〕」に、「……がない」を意味する接頭辞「a-」を付した造語。あえて訳せば「無人民状態」ともなる。

「人民の権利に関して生ずる論争は、この単語が曖昧であることに由来している。というのも、人民［people］という単語には二つの意味があるからである。一方の意味では、人民という単語はただ、イングランドの人民、フランスの人民というように、住んでいる場で区別される多数の人間を意味する。それは、その地域に住んでいる個別の人々の群がり《マルチチュード》にすぎない。そこでは、そのなかの誰かが他の者たちに対して強制を受けるような、いかなる契約ないし協約［contract or covenant］も考慮されない。他方の意味では、この単語は都市人格を意味する。それはすなわち、一人の人間ないしは一議会のことであって、個別の各人の意志はその人格の意志のなかへと包含され、巻きこまれている。［……］その結果、この二つの意味を区別しない者たちはふつう、公共体《コモン-ウェルス》ないし主権の身体に実質的に含まれている人民にのみ属している諸権利を、解体された群がり《マルチチュード》［a dissolved multitude］に対して割りあててしまう」[*34]。つまりホッブズは、フーコーが近代の生政治の始めに置くことになる人口と人民のあいだのあの区別を、す

*34　Hobbes, *The Elements of Law, Natural and Politic*, pp. 124–125 [2, 2, 11].〔『自然法および国家法の原理』一三〇八―一三〇九頁〕

でに明瞭に知っている。

十

解体された群《マルチチュード》がりが——人民がではなく——都市における唯一の人間の現前であり、群《マルチチュード》がりが内戦の主体であるとするならば、そのことが意味するのは、内戦がつねに国家において可能的なままだということである。ホッブズはこのことを、『リヴァイアサン』第二十九章「公共体《コモン-ウエルス》を弱化させる、もしくは解体へと向かわせるものについて」においてあけすけに認めている。その章の結論で、彼は次のように書いている。「最後に、戦争（対外戦争であれ国内戦争であれ）において敵が最終的勝利を収め、（公共体《コモン-ウエルス》の諸力が戦場をもはや保持せず）忠誠を尽くす臣民がもはや保護されなくなったとき、公共体《コモン-ウエルス》は解体されている。各人は、自分の裁量の示唆する道にしたがって自分を保護する自由をもっている」[*35]。このことは、内戦が進行中で、群がり《マルチチュード》と主権者のあいだの闘争の命運がまだ決定されていないあいだは、国家の解体はないということを含意している。内戦と公共体《コモン－ウエルス》、ビヒモスとリヴァイアサンは共存している。ちょうど、解体された群がり《マルチチュード》が主権者と共存しているのと同じようにである。国内戦争が群がり《マルチチュード》の勝利で終わってはじめて、公共体《コモン－ウエルス》から自然状態への回帰、解体された群がり《マルチチュード》から統一されていない群がり《マルチチュード》への回帰が起こる。

このことが意味するのは、内戦と公共体《コモン－ウエルス》と自然状態は一致しているのではなく、一つの複雑な関係によって結合されているということである。自然状態とは、ホッブズが『市民論』序文で説明しているとおり、「まるで都市が解体されたかのように見なされる」ときに出現するもののことである（「まるで都市が［…］解体されたかのようにみなされる［……］」、つまり人間本性がどのようなものであるか［……］正しく認識される〔civitas

＊35　Hobbes, *Leviathan*, p. 230 [2, 29].〔『リヴァイアサン』第二巻、二五四―二五五頁〕

[…] tanquam dissoluta consideretur […] ut qualis sit natura humana […] recte intelligatur〕」）[*36]。それはつまり、内戦の観点から見たときに出現するもののことである――言い換えれば、自然状態とは内戦を過去へと神話的に投影したものである。逆に、内戦とは自然状態を都市へと投影したもの、都市を自然状態の観点から見るときに出現するものである。

十一

本の題として「リヴァイアサン」という用語が選ばれていることについて省察を加えるときが来た。この選択の理由を満足のいくしかたで説明することに成功した者は誰もいない。公共体《コモン-ウエルス》の理論を提供しようと意図していたホッブズがなぜ、少なくともキリスト教の伝統では魔的な共示を引き受けてしまっていた怪物の

＊36　Hobbes, *De cive*, pp. 79–80 [præf.]. 〔『市民論』一八頁〕

名で当の公共体《コモン－ウェルス》を呼んだのか？　ホッブズは「ヨブ記」だけを参照していたのであって、このきわめて否定的な意味には充分通じてはいなかったのだ、したがって彼はこのイメージを純真に用いたのだが、それをいいことに敵対者たちは次いでこのイメージを彼に対して振り向けたのだ、と示唆されたことがある。[*37]　しかじかの作者に無知を割りあてるのは――それも、神学の能力に疑いの余地がないホッブズのような作者のばあいには――、方法論的に言って、その作者に時代錯誤の能力を割りあてるよりもなお推奨しがたいことである。ホッブズは自分の本の題が帯びてしまう否定的な含意を意識していた。このことはそもそも、序で「リヴァイアサン」という用語に言及し（「これがあの偉大なリヴァイアサンの発生である」）、その後で即座に「あるいはまた（より敬虔に語れば）[to speake more reverently、ラテン語版では ut dignius loquar]）[……]」と付け加えているやりかたに暗黙のうちに見られるし、[*38] また一六七九年に書かれた自伝的な小詩にも暗黙のうちに見られる。そこで彼は次のように書いている。「リ

＊37　以下を参照。Roberto Farneti, *Il canone moderno: Filosofia politica e genealogia* (Torino: Bollati Boringhieri, 2002), pp. 178–179.

＊38　〔訳註〕序ではなく第十七章。以下を参照。Hobbes, *Leviathan*, p. 120 [2, 17].〔『リヴァイアサン』第二巻、三三頁〕

ヴァイアサンという怖ろしい名［dreadful Name］で知られている［……］本」[*39]。ここからシュミットは次のように示唆するよう導かれた。いわく、リヴァイアサンというイメージの選択は「イギリス的ユーモア」の産物だが、次いでホッブズは神話的な力を慎みなく召喚したことに対して高い代価を支払わなければならなかった。「そのようなイメージを用いる者は、腕にせよ目にせよその他の尺度にせよ、人間の力に見あわない力を召喚する魔術師の役割へと容易に陥ってしまう。彼は同盟者に出会うのではなく、自分を敵どもの手に引き渡す無情な魔に出くわしてしまうおそれがある。［……］ユダヤの継承する解釈は、ホッブズのリヴァイアサンを逆襲した」[*40]。

十二

＊39　（訳註）Hobbes, *The Life of Mr. Thomas Hobbes of Malmesbury* (London: Andrew Crooke, 1680), p. 10.

＊40　Schmitt, *Der Leviathan in der Staatslehre des Thomas Hobbes: Sinn und Fehlschlag eines politischen Symbols*, p. 124.〔『レヴィアタン　その意義と挫折』九三頁〕

聖書のリヴァイアサンの魔的解釈へと、またリヴァイアサンとアンチキリストのあいだの図像誌的連合へと導く伝承は、ジェシー・プーシュとマルコ・ベルトッツィによって復元された。[*41] 彼らはこの観点から、モンティエ－アン－デールのアドソによるアンチキリストに関する手紙と、グレゴリウス・マグヌスの『モラリア』のもつ重要性を強調した。後者ではビヒモスとリヴァイアサンはともにアンチキリストに、また「黙示録」第十三章の獣に結びつけられている。しかし、それよりも前にすでにヒエロニムスが、「詩篇」第百三章に関する説教で次のように書いている。「ユダヤ人たちが言うには、神はリヴァイアサンと言われる、海にいる大きな竜を作った」。そして彼は直後に次のように付け加えている。「それはエヴァを罠に掛けて楽園から追い出された竜であり、この世界で私たちをからかうことを許されている」。リヴァイアサンをサタン－アンチキリストを指すものと取るこの解釈は、一一二〇年頃にサン－トメールのランベールという僧によって編まれた『花々の書《リベル・フロリドゥス》』という百科事典的編纂物において

＊41 （訳註）以下を参照。Jessie Poesch, "The Beasts from Job in the *Liber Floridus* Manuscripts," *Journal of the Warburg and Courtauld Institutes*, 33 (London: Warburg Institute, 1970), pp. 41–51 ; Marco Bertozzi, *Thomas Hobbes: L'enigma del Leviatano* (Ferrara: Italo Bovolenta, 1983).

図像誌的結晶化を見いだす。リヴァイアサンの上に座っているアンチキリストのイメージと、ホッブズの扉絵における主権者のイメージのあいだの類比は驚くべきものであり、それゆえアブラム・ボスが、そしてもしかするとホッブズ自身もまた、この細密画を知っていたのではないかと想像するのが正当だというほどである。王冠を頭に帯びたアンチキリストは右手に槍をもち(ホッブズのリヴァイアサンが剣をもっているようにである)、それに対して左手では祝福の身振りを完了している(これはいわば霊的権力の象徴として、扉絵の司教杖に対応している)。彼の両足はリヴァイアサンの背に触れている。そのリヴァイアサンは長い尾をもつ、部分的に水に浸かった竜として表象されている。上部に書きこまれた文言は、アンチキリストと怪物がともにもつ終末論的意味を強調している。いわく、「終わりの残酷な獣を指す悪魔蛇リヴァイアサンの上に座っているアンチキリスト〔Antichristus sedens super Leviathan serpentem diabolum signantem, bestiam crudelem in fine〕」(図6)。

図6　サン－トメールのランベール『花々の書《リベル・フロリドゥス》』（1120年頃）。リヴァイアサンの上にアンチキリストが座っている。
ゲント大学図書館蔵（MS 92）。

十三

先ほど引用した一節で、カール・シュミットはリヴァイアサンの「ユダヤの継承する解釈」に言及している。彼は研究を進めながらこの暗示を明確化している。彼は次のように書いている。ユダヤ－カバラーの伝統によると、リヴァイアサンが表象するのは「幾千の丘の獣たち」(「詩篇」第五十章第十節)、つまり異教の諸人民である。世界史は、異教の諸人民が戦いあう闘争として現れる。とりわけ、海の勢力リヴァイアサンが陸の勢力ビヒモスを相手取って闘争する。[……]ユダヤ人たちは[……]傍観し、いかにして地上の諸人民が殺しあうかを見物している。彼らにとって、互いになされるこの「屠りと畜殺」は法に適った、「コシェルな」ものである。殺された諸人民の肉を彼らが食い、それで生きているのはそのためである」[42]。

　これは明らかに、リヴァイアサンに関するタルムードの（カバラーのではない！）伝承をシュミットが意図的に歪めた反ユダヤ的偽造である。この伝承はタルムードとミドラシュの多くの箇所に見あたる。それによれば、リヴァイアサンとビヒモスという二頭の原初の怪物は、メシアの日々において互いに争い、その闘争のなかで二頭とも死ぬことになる。そこで義人たちはメシア的な饗宴を準備し、二頭の獣の肉を食べることになるというのである。シュミットがこの終末論的伝承を知っていたというのはありそうなことである。彼は後年の論文でこの伝承を参照し、「仕留められた獣の肉を義人たちが食べ尽くす至福千年の祝祭というカバラー的な期待[43]」に言及している。

＊42　Schmitt, *Der Leviathan in der Staatslehre des Thomas Hobbes: Sinn und Fehlschlag eines politischen Symbols*, pp. 17–18.〔『レヴィアタン　その意義と挫折』四一頁〕。なお、文中の「コシェル」とは、ユダヤ教において、たとえば食物が規定に則った「ふさわしい」（食べてよい）ものだという意味〕

＊43　Schmitt, "Die vollendete Reformation: Zu neuen Leviathan-Interpretationen," p. 142.〔「完成した宗教改革　新しいレヴィアタン解釈について」二六〇頁〕

十四

このタルムードの伝承をホッブズが知っていたにせよ知らなかったにせよ、終末論的視点が彼にとって完璧に馴染みのものだったということは確かである。それに、終末論的視点はキリスト教の伝承にも暗黙のうちに含まれている。そこでは、リヴァイアサンはアンチキリストに結びつけられていたが、エイレナイオス以降、教父たちはそのアンチキリストをパウロの「テサロニケ人への第二の手紙」の有名な終末論的余談《エクスクルスス》（第二章第一—十二節）に姿を現す「無法の人間」と同一視してきた。『花々の書《リベル・フロリドゥス》』の細密画は、リヴァイアサンとアンチキリスト、原初の怪物と地上の時間の終わりがこのように一つへと収束することを図解した表象にすぎない。だが、終末論的テーマは『リヴァイアサン』第三部の全体を貫いている。「キリスト教の公共体《コモン－ウェルス》について」と題されたその第三部はまぎれもない神の王国論を含んでいる。その神の王国論はホッブズの近代の読者たちにとっては厄介なものであって、それゆえに彼らはしばしばその神の王国論を単に抑圧してきたほどである。

優勢な教説は「神の王国〔basileia tou theou〕」という新約聖書的概念を隠喩的な意味に解釈する傾向にあったが、ホッブズはそれとは反対に次のように力説している。いわく、神の王国というのは旧約聖書においても新約聖書においても現実の政治的王国を意味している。それは、イスラエルにおいてサウルが選ばれた後に中断され、地上の時間の終わりになればキリストによって回復されることになる王国のことである。「したがって、神の王国とは現実の王国であって、隠喩的な王国ではない。旧約聖書においてのみならず、新約聖書においてもそのように受け取られている。私たちが〔「主の祈り」で〕「王国と権力と栄光はあなたのものだから」と言うとき、神の王国とは私たちの協約のもつ力によよるものと理解されるべきであって、神の権力のもつ権利によるものと理解されるべきではない。というのも、後者のような意味における王国であれば、神はつねにもっているからである。したがって、私たちの祈りにおいて「あなたの王国が来るように」と言うのは、イスラエル人の反乱によってサウルが選ばれることにおいて中断された神の王国をキリストが回復する、ということを意味するのでなければ余計だったというわけである。「天国の王国は手の届くところにある」と言ったり、「あなたの王国が来るように」と祈ったりするのも、神の王国が依然として続いていたのであれば、適切ではなかったというわけである〔The Kingdome therefore of God, is a reall, not a metaphoricall Kingdome ; and so taken, not onely in the Old Testament, but the New ; when we say, *For thine is the Kingdome, the Power, and Glory,* it is to be understood of Gods Kingdome, by force of our Covenant, not by the Right of Gods Power ; for such a Kingdome God alwaies hath ; so that it were superfluous to say in our prayer, *Thy Kingdome come*, unlesse it be meant of the Restauration of that Kingdome of God by Christ, which by revolt of the Israelites had been interrupted in the election of Saul. Nor had it been proper to say, *The Kingdome of Heaven is at hand*; or to pray, *Thy Kingdome come*, if it had still continued]」[*44]。

神の王国が十全に政治的な概念であるということ、したがってホッブズにおいては終末論が具体的な政治的意味を取っているということは、第三十八章であらためて確認されている。「最後になるが、神の王国は都市公共体《コモン-ウェルス》である。そこにおいて神自身は、まず旧い協約によって、それから新たな協約によって主権者となり、代理者ないし代行者を通じて君臨している。このことは本書の第三十五章において、聖書のさまざまな明白な箇所からすでに証明されている。したがって、そのことに鑑みれば、その同じ箇所は次のことをも証明する。すなわち、私たちの救世主が実際にかつ永遠に君臨すべく、ふたたび威厳と栄光とにおいて到来した後には、神の王国が地上にあることになる〔Lastly, seeing it

*44 Hobbes, *Leviathan*, pp. 283–284 [3, 35].〔『リヴァイアサン』第三巻、八五―八六頁〕

hath been already proved out of divers evident places of Scripture, in the 35. chapter of this book, that the Kingdom of God is a Civil Common-wealth, where God himself is Soveraign, by vertue first of the *Old*, and since of the *New* Covenant, wherein he reigneth by his Vicar, or Lieutenant ; the same places do therefore also prove, that after the comming again of our Saviour in his Majesty, and glory, to reign actually, and Eternally ; the Kingdom of God is to be on Earth」[*45]。

当然ながら、ホッブズによると、地上における神の王国はキリストがふたたび到来する瞬間にはじめて実現されることになる。これはパウロや聖書においても同様である。そのキリストの再臨までは、『リヴァイアサン』のそれ以前の分析は有効なままではある。とはいえ、ホッブズによって「キリスト教的政治」と呼ばれているものの諸原則（「キリスト教的政治の諸原則〔the Principles of Christian Politiques〕」[*46]）の含まれている『リヴァイアサン』第三部がまるで書かれなかったかのようにホッブズの国

*45 Hobbes, *Leviathan*, p. 311 [3, 38]. 〔『リヴァイアサン』第三巻、一四三―一四四頁〕

*46 Hobbes, *Leviathan*, p. 414 [3, 43]. 〔『リヴァイアサン』第三巻、三六一頁〕

家論を読むというのは不可能である。「政治神学はホッブズ研究《フォアシュング》のシボレートである」[*47]というベルナルト・ヴィルムスの断言は、政治神学はホッブズにおいて決定的に終末論的な視点において出現しているという意味で明確化されるのでなければならない。

適切に指摘されたことがあるとおり、ホッブズは『リヴァイアサン』においてキリスト教神学を預言と終末論へと縮減しただけではない。そこでは、「預言的権威に関して彼の物語る歴史は終末論的未来へと」[*48]投影されてもいる。このように、「彼の物語る政治はメシア的次元を引き受けている。その政治に含意されているメシアニズムは、ほとんど粗暴と言ってもよいしかたで政治的であるほどである」[*49]。じじつ、ホッブズの理論によって定義づけられるのは、神の王国と俗的王国（リヴァイアサン）は互いに完璧に自律的なものでありながら、終末論的視点からすると両者がいわば互いに連携しているということである。なぜなら、両者はいずれも地上で起こるものであるし、またリヴァイアサンのほう

*47 Bernard Willms, *Die Antwort des Leviathan: Thomas Hobbes' politische Theorie* (Neuwied & Berlin: Hermann Luchterhand, 1970), p. 31.〔なお、文中の「シボレート」とは、もぐりを見分ける合い言葉のこと〕

*48 John Greville Agard Pocock, "Time, History and Eschatology in the Thought of Thomas Hobbes," in *Politics, Language, and Time: Essays on Political Thought and History* (Chicago: The University of Chicago Press, 1989), p. 173.

*49 Pocock, "Time, History and Eschatology in the Thought of Thomas Hobbes," pp. 173–174.

は神の王国がこの世界において政治的に実現されるとき必然的に消滅しなければならないことになっているからである。ホッブズが知っていたかもしれないカンパネッラの論考の題を借りれば、神の王国とは、俗的君主制のパラダイムであると同時にその終わりでもある、まぎれもない「メシアの君主制〔Monarchia Messiæ〕」なのである。

十五

『リヴァイアサン』の扉絵に含まれる謎の数々が解決を見いだすのはこの神学的視点においてである。リヴァイアサンのイメージに新たにまなざしを向けると私たちが気づくのは、巨人の身体を構成している小さな身体の数々が、興味深いことに巨人の頭部のなかには入っていないということである。このことは、この扉絵に関する研究においてホルスト・ブレーデカンプが示唆している古代および近代の図像誌的相当物とは対照的になっている。それらの相当物においては、小さな人型はまさに頭部に集中しているのである。[*50] このことが含意していると思われるのは次のことである。すなわち、リヴァイアサンとは文字どおり、臣民たちからなる人民によって形成される政治体《ボディ・ポリティカル》の「頭《かしら》」であって、臣民たちのほうは、私たちがすでに見たとおり自分の身体をもたず、ちょうど主権者の身体においてのみ存在する。だが、このイメージはパウロの構想に直接的に由来するものである。その構想はパウロの手紙の多くの箇所に姿を現している。それによれば、キリストは信者集会である「教会〔ekklēsia〕」の頭《かしら》（「kephalē（頭部）」）である。「彼〔キリスト〕は集会の身体の頭《かしら》である〔hē kephalē tou sōmatos tēs ekklēsias〕」[*51]。「キリストは頭《かしら》である。身体全体は節々《ふしぶし》を媒介とし、それぞれの構成部の働きにしたがって一つへと結合され統一されて、その頭《かしら》から成長と教化を受け取る[*52]」。「夫は妻の頭《かしら》である。キリストが集会の頭《かしら》であり身体の救

＊50　以下の各所を参照。Horst Bredekamp, *Thomas Hobbes der Leviathan: Das Urbild des modernen Staates und seine Gegenbilder 1651–2001* (Berlin: Akademie Verlag, 2003).

＊51　「コロサイ人への手紙」1:18.

＊52　「エペソ人への手紙」4:15–16.

い主であるのと同様にである」[*53]。そして最後に、頭部のイメージは見られないものの、共同体の構成員の群《マルチチュード》がりについて次のように言われている一節がある。「多くである私たちはキリストにおいてただ一つの身体である。私たちはそれぞれ、他のものに対する構成部である」[*54]。

私たちの仮説が正しければ、あの扉絵のイメージは、リヴァイアサンと臣民たちのあいだの関係をキリストと「教会〔ekklēsia〕」のあいだの関係の俗的対応物として提示している。しかしながら、キリストと教会のあいだの関係を描くこの「頭部的」イメージは、パウロ的終末論のテーゼから分離することができない。そのテーゼによれば、地上の時間の終わりになれば「息子が、あらゆるものを自分へと服従させてくれた当の者〔父なる神〕に対して服従し」、そのとき神が「すべてのものどもにおいてすべて（panta en pasin）」[*55]となるというのである。見たところ多神論的なこのテーゼは、それをキリストと「教会〔ekklēsia〕」のあいだの関係の頭部的構想とともに読むと、まさしく政治的な意味を獲得す

＊53 「エペソ人への手紙」5:23.

＊54 「ローマ人への手紙」12:5.

＊55 「コリント人への第一の手紙」15:28.

る。いまの状態ではキリストは集会の身体の頭《かしら》であるが、地上の時間の終わりになれば、天の王国においてはもはや頭部と身体のあいだの区別はなくなることになる。というのも、神がすべてのものどもにおいてすべてとなるからである。

神の王国は隠喩的にではなく文字どおりに了解されなければならないとするホッブズの断言を私たちが真面目に受け取るとすれば、このことが意味するのは、地上の時間の終わりになればリヴァイアサンの頭部的虚構は抹消されうるだろうということ、また人民が自分の身体をあらためて見いだすことができるだろうということである。一方の政治体《ボディ・ポリティカル》——リヴァイアサンの光学的虚構においてのみ可視的であり、事実上は非現実的なもの——と、他方の、現実的であるが政治的には不可視である群《マルチチュード》がりとを分割している断絶は、最終的に、完璧な教会において埋められることになる。だがこのことはまた、それまではいかなる現実的統一性も、いかなる政治体も真には可能ではないということをも意味している。政治体《ボディ・ポリティカル》はただ群《マルチチュード》がりへと解体されうるだけであり、リヴァイアサンはただ最後までビヒモスと、つまり内戦の可能性と共存しうるだけである。

N

特異なことがある。それは、四福音書においてはイエスを取り巻いている群がり《マルチチュード》が政治的実体——人民——としてはけっして提示されず、つねに群集もしくは「群れ」を指す用語で提示されているということである。新約聖書には「人民」を指す三つの用語が見られる。一つめは「plēthos」、ラテン語では「multitudo」である。これは三十一回出現する。二つめは「ochlos」、ラテン語では「turba」である。これは百三十一回出現する。三つめは「laos」、ラテン語では「plebs」である。これは百四十二回出現する（この最後の用語は、後の教会の語彙においてまぎれもない専門用語となる。すなわち「plebs Dei（神の民）」である）。ここには、政治的価値を帯びた「dēmos（populus）」という用語が欠けている。それはまるで、メシア的な出来事がつねにすでに人民を「群がり《マルチチュード》〔multitudo〕」へと、あるいはまた無形の群集へと変形してしまっているというかのようである。それと類比したしかたで、ホッブズの都市において「可死的な神〔mortalis deus〕」が構成されると、それと同時的に、政治体が群がり《マルチチュード》へと解体されるということが帰結として生ずる。政治的公共体《コモン-ウェルス》の価値をもつ神の王国はキリストの再臨まではこの地上には存在しえないとするホッブズの政治神学的テーゼは、それまでは教会はただ潜勢力という状態においてのみ存在するということを含意している。「選ばれた者たちは〔……〕この地上の世界にいるあいだは潜勢力という状態においてのみ教会である。審判の日に、見捨てられた者たちから選ばれた者たちが分離されて一つに集められるまでは、その教会は現勢力という状態では存在しないだろう」[*56]。

*56　Hobbes, *De cive*, p. 268 [17, 22].〔『市民論』三八八頁〕

十六

いまや、新約聖書のとあるテクストを検討するときである。それは、神の王国の設立直前にあたる終末論的紛争の描写であるとこれまでの伝統によって全会一致で見なされてきたものだが、そのテクストがなければホッブズの政治思想の理解は不完全なものとなってしまうだろう。そのテクストとは、パウロの「テサロニケ人への第二の手紙」のことである。パウロはその手紙でテサロニケ人たちに対して主の臨在について語り、終末論的ドラマを描写しているが、その描写にあたって、それを一方にメシアが、他方に二人の人物がいる紛争であるとしている。パウロは、その二人の人物の一方を「無法《アノミア》の人間（ho anthrōpos tēs anomias、文字どおりには「法の不在の人間」）」と呼び、他方を「抑える者

(ho katechōn)」と呼んでいる。「誰にも、どのようなやりかたでも、騙されてはならない。というのも、背教がまず起こり、無法《アノミア》の人間〔ho anthrōpos tēs anomias〕、すなわち破壊の息子が啓示されなければならないからである。その者は、神と言われたり崇拝の対象であったりするもののすべてに反対し、それらよりも自分が上に立ち、ついには神の神殿に座り、自分が神であると示す。まだ私があなたたちとともにいたとき、私がこのようなことを言っていたのを思い出さないか？　あなたたちはいま、彼がふさわしい時間に啓示されるよう彼を抑えているものを知っている。無法《アノミア》の神秘〔mystērion tēs anomias、ウルガタ版はこれをmysterium iniquitatis〔不正の神秘〕と訳している〕はすでに現勢力という状態にある。それはただ、抑える者がそのうちに取り除かれるまでのことである。それから、無法《アノミア》の者〔anomos、文字どおりには「法のない者」〕が啓示されるが、それを主イエスは口から吐く息で滅ぼすことになる〔……〕」。[*57]

ここで問題となっている「抑える者」と「無法《アノミア》の人間」という

＊57　「テサロニケ人への第二の手紙」2:3–8.

二人の人物が誰なのかを同定することは、教会がその終末論的窓口をまだ閉鎖していなかったときに、エイレナイオスからヒエロニムスに至る、ヒッポリュトスからティコニウスやアウグスティヌスに至る教父たちの解釈の明敏さを特別なしかたで要請していた。「無法《アノミア》の人間」のほうは、ヨハネの「第一の手紙」（第二章第十八節）のアンチキリストを指すものと全会一致で見なされた。それに対して「抑える者」のほうは、アウグスティヌスが『神の国』で長々と註解している伝承にしたがって、ローマ帝国を指すものと見なされた。カール・シュミットが参照しているのはこの伝承であって、彼は抑える者《カテコーン》の教説に、キリスト教的な観点から歴史を構想する唯一の可能性を見て取っている。彼は次のように書いている。「抑える者が世界の終わりを抑えているという信仰は、人間のあらゆる出来事の終末論的麻痺から、ゲルマン王たちのキリスト教帝制のような壮大な歴史勢力へと導く唯一の橋を架ける」[*58]。彼がホッブズの国家論を配置するのはこの「抑える者《カテコーン》的」伝承のなかにである。

*58 Schmitt, *Der Nomos der Erde im Völkerrecht des Jus Publicum Europæum* (Berlin: Duncker & Humblot, 1974), p. 29.〔『大地のノモス』新田邦夫訳（慈学社出版、二〇〇七年）四〇頁〕

十七

したがってホッブズが、当時はまだアンチキリストの同義語だった名——リヴァイアサン——で公共体《コモン-ウェルス》を呼ぶことで、自分のおこなう国家の構想を決定的に終末論的な視点に位置づけていることを自分で意識している、ということには疑念の余地がない（先に引用した『市民論』第十七章第二十二節の一節には、良い者たちが教会において見捨てられた者たちから分離されるということへの暗示が見られたが、その暗示には「テサロニケ人への第二の手紙」への暗黙の参照が含まれている）。シュミットによる『リヴァイアサン』の解釈が不充分さを示すのはまさにここにおいてである。『リヴァイアサン』にはパウロの全資料体《コーパス》から五十以上の引用が見あたるが、そこでホッブズが「テサロニケ人への第二の手紙」に直接的には一度も言及していないというのも偶然ではない。ホッブズの「キリスト教的政治」においては、国家はいかなるしかたでであれ、地上の時間の終わりを押しとどめ抑える権力という機能をもつことができない。じじつ、国家は一度もこのような視点においては提示されていない。その反対に、ホッブズが権利要求している聖書の伝承におけるように、地上の時間の終わりはあらゆる瞬間に起こりうるのである。この権利要求は、この伝承を忘却してしまっているように思われる教会に抗して、もしかすると皮肉をこめてなされているのかもしれない。国家は抑える者《カテコーン》として行動しないのみならず、地上の時間の終わりになれば無に帰されるべき終末論的な獣自体と一致している。

政治的概念は神学的概念が世俗化されたものだとするシュミットのテーゼは知られている。このテーゼは、世俗化されているのは今日では本質的には終末論的概念だという意味において明確化されなければならない（キリスト教的終末論、最後の審判の根本的用語である「危機」が占めている中心的位置のことを考えればよい)[59]。この意味で、現代政治は終末論の世俗化にもとづいている。終末論にその具体性と固有の状況とを残しているホッブズの思想にとって、これほど無縁なものもない。ホッブズの政治を定義づけているのは終末論的なものと政治的なものの混同ではなく、互いに自律的な二つの権力のあいだの特異な関係である。リヴァイアサンの王国と神の王国は互いに自律的な二つの政治的現実であって、両者はけっして混同されてはならない。しかしながら両者は、後者が実現されるときに前者が必然的に消滅しなければならないという意味で、終末論的に関連している。

ここにおいてホッブズの終末論は、ヴァルター・ベンヤミンが「神学的‐政治的断章」において分節化している終末論と特異な親和性を呈する。ベンヤミンにとっても、王国は歴史的要素としては意味をもたず、「終末〔eschaton〕」としてのみ意味をもっている(「歴史的に見れば、それ〔神の王国〕は目標ではなく終わりである」)[60]。また、ベンヤミンにとっても、俗的政治の圏域は神の王国に対してまったく自律的なものである。しかしながら、ベ

*59　以下を参照。Koselleck, “Krise,” in Otto Brunner *et al.*, ed., *Geschichtliche Grundbegriffe*, 3 (Stuttgart: Klett-Cotta, 1995), pp. 617–650.

*60　〔訳註〕Walter Benjamin, “〈Theologisch-politisches Fragment〉,” in *Gesammelte Schriften*, 2-1, ed. Rolf Tiedemann *et al.* (Frankfurt am Main: Suhrkamp, 1977), p. 203.〔「〔神学的‐政治的断章〕」浅井健二郎訳、『ドイツ悲劇の根源』下巻(筑摩書房、一九九九年)二二三頁〕

ンヤミンにとってはホッブズにとってと同じく、俗的政治は神の王国に対して抑える者《カテコーン》としてのいかなる機能ももたない。それは神の王国の到来を抑えるものであるどころか、「その最もかすかな接近の［……］一カテゴリー」[61]である、とベンヤミンは書いている。

　本性上、リヴァイアサンたる国家は臣民に「安全（safety）」と「生の充足（contentments of life）」を確保しなければならないが、その国家はまた地上の時間の終わりを急がせるものでもある。ジョン・バークリーは小説『アルゲニス』で絶対主義の正当化として、とある二者択一を定式化したが、その二者択一（「人民に自由を与えるか、それとも平和を提供するか」[62]）は必然的に解決されずに残っている。「テサロニケ人への第一の手紙」の一節では、「平和と安全［eirēnē kai asphaleia］」が主の日の破局的到来と一致しているとされているが（「彼らが「平和と安全」と言っていると、そのとき突如として彼らを崩壊が襲うことになる[63]」）、この一節をホッブズは知っていた（『リヴァイアサン』で

＊61　（訳註）Benjamin, "〈Theologisch-politisches Fragment〉," p. 204.〔「〔神学的‐政治的断章〕」二二五頁〕

＊62　以下を参照。Koselleck, *Kritik und Krise: Eine Studie zur Pathogenese der bürgerlichen Welt* (Freiburg & München: Karl Alber, 1959 [Frankfurt am Main: Suhrkamp, 1973]), p. 14.〔『批判と危機　市民的世界の病因論のための一研究』村上隆夫訳（未來社、一九八九年）二九頁。なお、バークリーの文言は正確には「彼らを自由へと回復するか、それとも国内の静穏さを提供するか」となっている〕

＊63　「テサロニケ人への第一の手紙」5:3.

は「テサロニケ人への第一の手紙」が引用されている」[*64]。ビヒモスがリヴァイアサンから分離不可能だというのはそのためである。シュミットの触れているタルムードの伝承によれば、地上の時間の終わりになれば「ビヒモスはリヴァイアサンを角で打ち倒して引き裂き、リヴァイアサンはビヒモスを鰭《ひれ》で打ち倒して刺し貫くことになる」[*65]。義人たちはこのときはじめて、法の紐帯から永遠に解放されてメシア的饗宴に着席できるようになる。「賢者たちは言った。「この畜殺は儀礼に適っているか？ ミシュナーの教えるところでは「誰もが畜殺できる。いつでも、いかなる道具を用いても畜殺できる。ただし、鎌、鋸《のこぎり》、歯は［……］苦痛をもたらすから用いてはならず、また爪は用いてはならない」となっていなかったか？」 ラビ・アビン・バル・カハナは「神は「新たなトーラーが私から外に出るであろう」と言った」と言った」[*66]。『リヴァイアサン』——これほどにも濃厚に終末論的な、またもしかするとそれが終末論的であるのは皮肉なことかもしれない当のテクスト——が近代国家論のパラダイムの一つとなったのは

*64　以下を参照。Hobbes, *Leviathan*, p. 427 [4, 44].〔『リヴァイアサン』第四巻、三五―三六頁〕

*65　「「レビ記」ラッバー」13, 3. 以下を参照。Herman L. Strack & Paul Billerbeck, *Kommentar zum Neuen Testament aus Talmud und Midrasch*, 4-2 (*Exkurse zu einzelnen Stellen des Neuen Testaments*) (München: C. H. Beck, 1928), p. 1163 ; Lois Drewer, "Leviathan, Behemoth and Ziz: A Christian Adaptation," *Journal of the Warburg and Courtauld Institutes*, 44 (London: Warburg Institute, 1981), p. 152.

*66　「「レビ記」ラッバー」13, 3.

皮肉なめぐりあわせかもしれない。だが、確かなのは、自分の根ざすところに神学的なものがあるということを意識しなければ、近代の政治哲学が自らのはらむ諸矛盾から外に出ることはできないだろうということである。

翻訳者あとがき

本書『スタシス　政治的パラダイムとしての内戦』は以下の日本語訳である。Giorgio Agamben, *Stasis: La guerra civile come paradigma politico* (*Homo sacer*, II, 2) (Torino: Bollati Boringhieri, 2015).

「主権的権力と剝き出しの生」という副題をもつ第一巻『ホモ・サケル』(一九九五年) を皮切りにジョルジョ・アガンベンが続々と発表した「ホモ・サケル」シリーズは、第四巻第二部『身体の使用』(二〇一四年) の刊行をもって完結を迎えたが、本書はその翌年に、遅ればせのおまけのようにして刊行された。

とはいえ、第一巻の後、シリーズが第三巻、第二巻第一部などと変則的な順番で書き継がれてきたことを考慮すれば、最終巻の刊行後にそれ以前の巻が発表されることもそれほど奇異ではない。奇異なことが他にあるとすれば、本書に割り振られている「第二巻第二部」がすでに『王国と栄光』（二〇〇七年）によって占められていたということである。だが、現在では『王国と栄光』のほうが第二巻第四部とされ、この重複も解消されている。

ともかく、欠落している巻はこれで存在しなくなったので、今後新たな巻が発表されることはないはずである。本書は事実上、いわばパズルの最後の小さなピースとして、全九作からなるシリーズ全体の絵を——日本語では、二〇一六年春の時点では『言語活動の秘蹟』（二〇〇八年）と『オプス・デイ』（二〇一二年）の翻訳が依然として存在しないとはいえ——完成させることになった。

ところで、アガンベンの仕事はしばしば——ある時期以降の著作ではほぼつねに、そして「ホモ・サケル」シリーズではまず例外なく——いわゆる時事、時局、情勢を視野に入れて生み出されている。彼は時事を直接的に参照する書きものを一九八〇年代末から新聞や雑誌に発表してきた。『到来する共同体』（一九九〇年）には天安門事件に触れた短文が収められているが、[*1] それは新聞に掲載された時評（一九八九年）がもとになっている。[*2] 知るかぎりでは、それがアガンベンが時局と関わった最初の機会である。

次いで、その同じ時評の異本とも見なせる「『スペクタクルの社会に関する註解』の余白に寄せる註釈」（一九九〇年）——ただし、天安門事件のほかルーマニア革命も言及されている——をはじめ、湾岸戦争を取りあげた「主権警察」（一九九二年）と「政治についての覚え書き」（一九九二年）や、難民、非合法移民、ユーゴスラヴィア内戦が扱われた「人権の彼方に」（一九九三年）と「収容所とは何か?」（一九九四年）、さらにユーゴスラヴィア内戦やマニ・プリーテ（イタリアにおける一連の汚職摘発）について語られる「この流謫にあって」（一九九二—九四年）など、哲学が時事と正面から渡りあっている多くのテクストを収めた論考集として『人権の彼方に』（一九九六年）が編まれている。[*3]

＊1　以下を参照。Giorgio Agamben, "Tien-anmen," in *La comunità che viene* (Torino: Bollati Boringhieri, 2001), pp. 67–69.〔「天安門」、『到来する共同体』上村忠男訳（月曜社、二〇一二年）一〇七—一一一頁〕

＊2　以下を参照。Agamben, "Violenza e speranza nell'ultimo spettacolo: Dal maggio francese a piazza Tian An Men," *Il manifesto* (Roma: Il manifesto, July 6, 1989), pp. 1–2.

＊3　以下を参照。Agamben, *Mezzi senza fine* (Torino: Bollati Boringhieri, 1996).〔『人権の彼方に』高桑和巳訳（以文社、二〇〇〇年）〕　それぞれの初出を順に挙げれば以下のとおりである。Agamben, "Gloses marginales aux *Commentaires sur la société du spectacle*," trans. editorial staff, *Futur antérieur*, no. 2 (Paris: L'Harmattan, 1990), pp. 147–157 ; Agamben, "La police souveraine," trans.

（ちなみにこの時期には、成立して間もない第一次ベルルスコーニ政権を批判するテクスト「最悪の体制」（一九九四年）も書かれているが、それが発表されたのは八年後にあたる二〇〇二年（ベルルスコーニが首相の座に返り咲いて一年後）のことだった。[*4] 本書『スタシス』の刊行もまた、アナクロニックなアクチュアリティ（時間の流れが止まったり逆行したりしているかのような、過去をよりひどい形で反復しているかのような情勢）に対する振る舞い――数年越しで時評を公にしても意味が通ってしまうという皮肉な状況を身をもってあらわにする振る舞い――をある意味では反復していると言える。この点については後述する。）

『人権の彼方に』に収められたテクストのうち、「人権の彼方に」と「収容所とは何か？」はその内容が『ホモ・サケル』にも実質的に統合されている。[*5] それらのテクストを含む『ホモ・サケル』の第三部「近代的なものの生政治的パラダイムとしての収容所」はまるごと、さまざまな時事――脳死と臓器移植という、一見すると別次元の時事をも含む――との哲学的格闘と呼んでもさ

Marilène Raiola, *Futur antérieur*, no. 6 (Paris: L'Harmattan, 1992), pp. 7–9; Agamben, "Le commun: Comment en faire usage," trans. editorial staff, *Futur antérieur*, no. 9 (Paris: L'Harmattan, 1992), pp. 9–14; Agamben, "Au-delà des droits de l'homme," trans. Robert Maggiori *et al.*, *Libération* (Paris: Libération, June 9, 1993), p. 8; *Libération* (Paris: Libération, June 10, 1993), p. 6; Agamben, "Qu'est-ce qu'un camp ?," *Libération* (Paris: *Libération*, October 3, 1994), p. 10; Agamben, "Dove inizia il nuovo esodo," *Derive approdi*, no. 5/6 (Napoli: Labirinto, winter 1994), pp. 35–36. なお、最後のものは「この流謫にあって」の内容のうち半分ほどを含む。

*4 以下を参照。Agamben, "Le pire des régimes," trans. Nathalie Castagné, *Le monde* (Paris: Le monde, March 24–

しつかえない（ちなみに、『ホモ・サケル』初版（イタリア語版）の表紙には、天安門広場に集まる人々を写した写真が用いられていた）。

　これ以外には、イタリアの政治哲学者アントニオ・ネグリ——一九七〇年代（「鉛の時代」と呼ばれる）にいくつかのテロの首謀者であるとの嫌疑を掛けられたことから一九八三年からフランスに亡命していた——が、自分同様の亡命生活者たちや依然収監中の政治犯たちに関する状況を変えることを期待して一九九七年にイタリア帰還を決めたことを承《う》けて、彼らに対する大赦を要求するテクスト「記憶と忘却の善用について」を書いたことも忘れることができない[*6]（ちなみに、そこで展開されている大赦をめぐる議論は、本書の第一章の重要な部分にほぼそのままの形で統合されることになる）。

　時事に対するアガンベンの直接的・明示的な回答は、二十世紀末までについては（インタヴューなどを除けば）おおむね以上で尽きている。

25, 2002), p. 15.

＊5　前者は以下へと拡充された。Agamben, "I diritti dell'uomo e la biopolitica," in *Homo sacer* (Torino: Giulio Einaudi, 1995), pp. 139–149.〔「人権と生政治」、『ホモ・サケル』高桑和巳訳（以文社、二〇〇三年）一七五—一八六頁〕同様に、後者については以下を参照。Agamben, "Il campo come *nómos* del moderno," in *Homo sacer*, pp. 185–201.〔「近代的なもののノモスとしての収容所」、『ホモ・サケル』二二七—二四五頁〕

＊6　以下を参照。Agamben, "Du bon usage de la mémoire et de l'oubli," trans. Yann Moulier-Boutang, in Toni Negri, *Exil*, trans. François Rosso *et al.* (Paris: Mille et une nuits, 1998), pp. 57–60.〔「記憶と忘却のうまい使い方について」、トニ・ネグリ『未来への帰還』杉村昌昭訳（インパクト出版会、一九九九年）九五—一〇〇頁〕

では、本書『スタシス』の時期にはどのような時事が問題となっていたのか？

じつを言えば、本書の「序」で説明されているとおり、本書を構成する二つのテクストは、二〇〇一年十月――刊行された二〇一五年二月よりはるかに前――に、プリンストン大学でのセミナーのために最初の原稿が執筆されている。その意味では、本書の発表には少なくとも二つの時期の時事が関わっていると言える。二〇〇一年十月（書かれた時期）のそれと、二〇一五年二月（刊行された時期）のそれである。[*7]

二〇〇一年十月とは言うまでもなく、その前月の翌月である。周知の経緯を整理しておくが、九月十一日に、アメリカ合衆国各地で旅客機乗っ取りによる同時多発テロが起こった。十月七日には、アフガニスタンのタリバン政権（同時多発テロの犯行グループとされたアル＝カイダを庇護していると見なされた）に対する攻撃が「対テロ戦争」として始められた（主要な攻撃は年内に終わり、タリバン政権は早期に崩壊したが、混乱はその後も長く続

*7　なお、本書の第二章「リヴァイアサンとビヒモス」は、独英対照版が『リヴァイアサンの謎』と題され、二〇一四年に――つまり本書刊行に先立って――公にされている。これは、アガンベンが二〇一三年五月にテュービンゲン大学でレオポルト・ルーカス賞を授けられた際におこなった講演を収録したものとおぼしい（つまり、二〇〇一年十月のプリンストン大学で用いたセミナー原稿に、十余年後に手を入れて用いたということ）。以下を参照。Agamben, *Leviathans Rätsel*, trans. Paul Silas Peterson (Tübingen: Mohr Siebeck, 2014).

いた)。本書の原型が書かれたのは、具体的にはまさしくこの時事を背景としてのことである。

(ところで、アガンベンは二〇〇一年十二月に日本を訪れている。彼は、京都(立命館大学)では準備済みの講演原稿を読みあげ、東京(東京外国語大学)では即興的なミニ・スピーチをおこなった。東京での発言は――後になってわかったことだが――翌年に刊行されることになる『開かれ』の問題設定を簡潔にまとめるものだった。それに対して、シンポジウム「危機的市民社会に倫理はなりたちうるか」のための基調講演として話された京都での講演のほうは「内戦と民主主義」と題されていた。そこで開陳された内容は、じつは本書第一章「スタシス」の原型と見なせるものである(したがって、その二ヶ月前にプリンストン大学で読まれたものとも実質的に同一の内容と推測される)。本書の前半の内容はその意味で、日本では少なくとも数百人にはすでに知られていたと言える。[*8] 当然のことながらその数百人はまた、地球規模での時事をも共有していた。日本では十月二十九日に「テロ対

＊8　講演は英語でおこなわれ、聴衆には堀田義太郎と渡辺公三による日本語訳が配布された。なお、この講演の内容をふまえた記述が以下に見られる(ただし、その記述がアガンベンによる議論を紹介するものであるということは示されているものの、正確な出典は明示されていない)。大澤真幸『文明の内なる衝突』(日本放送出版協会、二〇〇二年)一二七―一三〇頁。

策特別措置法」が成立し、早くも十一月九日には「対テロ戦争」の後方支援（給油など）のために三隻の自衛艦がインド洋に向かっていた。）

あらゆる時事は単独で存在するのではなく、その前後が必ず存在し、複雑に関わりあっている。「後」について言えば、二〇一六年現在のダーイシュ（いわゆるＩＳ）をめぐる混迷にたどりつく中東問題があるが、その中心となった出来事はもちろん、二〇〇三年三月に始められた対イラク戦争である。「前」には当然、一九九〇年八月に起こったイラクによるクウェイト侵攻を承けて翌年一月から展開された湾岸戦争がある（ちなみにイタリアは、表向きは戦争放棄の原則を謳《うた》う憲法第十一条がありながらも多国籍軍に参加した。そのことへの暗示が本書第一章の冒頭付近に読める）。

これらの時事のいずれにおいても、繰り拡げられるのは従来の国家間戦争ではない。それは、安全保障のためになされる一種の国際的な警察権の行使としてしばしば説明される。また、敵として同定されるのはしかじかの国家全体ではなく、当該国家を統治する——もしくは少なくとも領土の一部を実効支配している——一派（ないし諸派）となる。その派閥はしばしば、それ自体が国際的な拡がりをもち、世界各地で「テロ」を企図する。そして、それに抗して組織される「対テロ戦争」と称されるものも、「テロへの対抗策」であるどころか、実質的には世界規模で展開される「対抗的なテロ」として遂行される。制裁や攻撃、誤爆などの巻き添えになるそれ以外の人々の数は膨れあがる一方であり、無数の難民が国境を越えて行く。

あえて専門家に説明されるまでもなく、このような一連の様相は、さまざまな報道に日々接している人々の目にはそのまま明瞭に映っている。目が曇っているのはむしろ、現状追認のためにその場しのぎの疑似概念を案出して説明がついたつもりになり、政治学や法学、政治哲学や法哲学という専門分野が装備してきた従来の道具立てを問いただすことをおこたってきた専門家たちのほうなのだろう。

アガンベンが「ホモ・サケル」シリーズの全体であばこうとしているのはまさに、このなかば意図された怠慢、不充分さである。なるほど、全体を一挙に視野に収めようとすれば、このシリーズの目指すところは判然としないかもしれない。とはいえ、全作品に共通するねらいをあえて要約すれば、広い意味での政治に関わるさまざまな現象や概念を、文献学と哲学を主たる道具として再検討すること、とでもなるだろう。そこで扱われるのは、『ホモ・サケル』であれば主権的例外化、『アウシュヴィッツの残りのもの』(一九九八年)であれば証言、『例外状態』(二〇〇三年)であれば例外状態、『王国と栄光』(二〇〇七年)であればオイコノミアというように、従来の政治思想においては周縁的にしか扱われてこなかった事象ばかりである。そのような事象がじつは政治を考えるうえで枢要をなすパラダイムだということを示す、というのがシリーズの全作品に通底するアガンベンの思考の身振りだと言える(難民問題や臓器移植を理解するにあたって『ホモ・サケル』では「主権的例外化」が提起される、というのはすでに述べたとおりだが、他の作品、たとえば『王国と栄光』でも、欧米列強が標準化しようとしている民主主義的な統治パラダイムが、そしてまたヨーロッパ統合が、「オイコノミア」を通じてはじめて十全に理解できるものとされている[*9]。

本書でも事情は変わらない。ここで再検討に付されるのは、ギリシア語の題が（また説明的な副題が）示すとおり、内戦である。要するに、内戦を考えなければ政治を考えることはできない——政治にとって、内戦は構成上不可欠な要素である——、というのが本書における作者の根本的な主張である。そのことを不幸にも時宜を得て、わかりやすい形であらわにしてしまったのが先述の二〇〇一年における時事だったというわけである。

（じつを言えば、「スタシスないし内戦の可能性」[*10]を哲学的に一貫性をもつ概念として肯定するという身振りはすでに『残りの時』（二〇〇〇年）に確認される。そのさらに二年前に刊行された『アウシュヴィッツの残りのもの』でも、本書で「アデミア」というギリシア語で概念化されることになる「人民の不在」が、

＊9　民主主義の標準化については以下を参照。Agamben, "La macchina provvidenziale," in *Il Regno e la Gloria* (Torino: Bollati Boringhieri, 2009), pp. 157–158.〔「摂理機械」、『王国と栄光』高桑和巳訳（青土社、二〇一〇年）二七〇頁〕ヨーロッパ統合については以下を参照。Agamben, "Archeologia della gloria," in *Il Regno e la Gloria*, pp. 280–282.〔「栄光の考古学」、『王国と栄光』四七九—四八二頁〕

＊10　Agamben, "Terza giornata: *Aphōrismenos*," in *Il tempo che resta* (Torino: Bollati Boringhieri, 2000), p. 59.〔「第三日　アフォーリスメノス」、『残りの時』上村忠男訳（岩波書店、二〇〇五年）九五頁〕

アドルフ・ヒトラーが口にしたという表現（「人民のない空間(volkloser Raum)」）という形で取りあげられている。[*11] 内戦をめぐる問題設定に対して、作者が数年にわたって強い関心を寄せ続けていたことは明らかである。だが、その問題設定に形を与えるように「九・一一」が彼を突き動かしたという可能性も否定できないだろう。）

ちなみに、時事的な論考は二十一世紀はじめからも断続的に書かれている。[*12] まずは、「九・一一」の直後に書かれ、例外状態を生み出すことでなされる統治が批判されている「国家と恐怖　不吉な抱擁」がある。[*13] その約一年後には、「鉛の時代」の解決のないままになされるヨーロッパ統合が矛盾に充ちていることを論ずる「自由のヨーロッパか、警察のヨーロッパか？」が公表されている。[*14] 二〇〇四年には、入国にあたっての生体認証情報（網膜や指紋など）の登録がアメリカ合衆国によって導入されたのを承けてニュー・ヨークでの講義を取りやめた理由を説明する「国家がきみの身体を差し押さえるならば」が書かれている。[*15] 二〇〇六年

*11　以下を参照。Agamben, "Il 'musulmano'," in *Quel che resta di Auschwitz* (Torino: Bollati Boringhieri, 1998), pp. 79–80.〔「「回教徒」」、『アウシュヴィッツの残りのもの』上村忠男ほか訳（月曜社、二〇〇一年）一一三頁〕

*12　グァンタナモ基地内キャンプ・デルタにおけるアメリカ合衆国によるタリバンの処遇を論じた一節を含む「例外状態」は、同名の本のプロトタイプと見なせる論考であるため、さしあたり除外してもよいだろう。以下を参照。Agamben, "L'état d'exception," trans. Martin Rueff, *Le monde* (Paris: Le monde, December 12, 2002), pp. 1, 16.〔「例外状態」高桑和巳訳、『現代思想』第三十二巻、第九号（青土社、二〇〇四年八月）一四二―一五〇頁〕

*13　以下を参照。Agamben, "Stato e terrore: Un abbraccio funesto," *Il manifesto* (Roma: Il manifesto, October

には、そのようなテクノロジーをはじめとする諸装置（携帯電話など）の今日における増殖とその淵源について論じた「装置《ディスポジティフ》とは何か？」が発表されている。[*16] 二〇〇八年には、十年ほどにわたって友人関係にあった運動家ジュリアン・クーパがテロ首謀者として逮捕されたこと（「タルナック事件」と呼ばれる）に対して抗議する「テロリズムあるいは悲喜劇」が公にされている。[*17]

これらのテクストはいずれも、前世紀に十全なしかたで準備されていた生政治的体制が「九・一一」をきっかけとしてセキュリティによる統治という様相をますます強め、権力がその主軸を立法から行政（および内政・警察）へ、政治から経済へと確実に移行させ、しかもそのような統治がヨーロッパ規模で、さらには地球規模で展開されるようになっているという事態を共通の背景として執筆されていると言ってよい。経済危機の真っ只中にあったアテネで二〇一三年十一月におこなわれた講演「脱構成する権力の一理論のために」、またパリでの同時多発テロとそれによる緊急事態発令を承けて二〇一五年十二月に発表された「法治国家か

27, 2001), extra (*Alias*), p. 8.〔「秘密の共犯関係」、中山元編訳『発言』（朝日出版社、二〇〇二年）三四―三八頁〕なお、初出は以下（「九・一一」の九日後）。Agamben, "Über Sicherheit und Terror," *Frankfurter Allgemeine Zeitung* (Frankfurt am Main: Frankfurter Allgemeine Zeitung, September 20, 2001), p. 45.

*14 以下を参照。Agamben, "Europe des libertés ou Europe des polices ?," trans. Joël Gayraud, *Le monde* (Paris: Le monde, October 3, 2002), p. 16.

*15 以下を参照。Agamben, "Se lo stato sequestra il tuo corpo," *Repubblica* (Roma: Repubblica, January 8, 2004), pp. 42–43.

*16 以下を参照。Agamben, *Che cos'è un dispositivo ?* (Roma: Nottetempo, 2006).〔「装置《ディスポジティフ》とは何か？」高桑和巳訳、『現代思想』第三十四巻、第七号（青土社、二〇〇六年六月）八四―九四

ら安全国家へ」は、いわばこのような視点をあらためて整理して提示したものとして読むことができる。[*18]

そして、本書は二〇一五年二月に刊行された。いわば不運にもお蔵入りしていたとも言える二つの論考が、十余年を経て——一巻本の形で、それも他ならぬ「ホモ・サケル」シリーズの一部として——あらためて日の目を見ることになったのは、何よりもまずこれらが進行中の作品《ワーク・イン・プログレス》やラフ・スケッチ以上のもの、単なる政治的‐哲学的時評以上のものと見なされたからだろう。言い換えれば、ここで提示されている「内戦」は、哲学的な、また文献学的な堅固さをもつものとして（つまりは「主権的例外化」や「オイコノミア」などにも比肩する一つの哲学的パラダイムとして）充分に検討・提示されているということである。

なるほど、ここでは他の研究者による議論に大きく依拠している立論がいつもより目立つということはあるかもしれない。しかしながら、それらの議論を撚《よ》り合わせ、内戦を「互いに緊張関係にある二極（オイコスとポリス、群がり《マルチチュード》と主権者）のあいだで

頁〕なお、初出は日本語版である。

*17 以下を参照。Agamben, "Terrorisme ou tragi-comédie," trans. Martin Rueff, *Libération* (Paris: Libération, November 19, 2008), p. 36.〔「テロリズムあるいは悲喜劇」『来たるべき蜂起』翻訳委員会訳、不可視委員会『来たるべき蜂起』（彩流社、二〇一〇年）一五七—一六〇頁〕

*18 以下を参照。Agamben, "For a Theory of Destituent Power," *Χρονος*, no. 10 (online journal, February 2014). 〈http://www.chronosmag.eu/index.php/g-agamben-for-a-theory-of-destituent-power.html〉 Agamben, "De l'État de droit à l'État de sécurité," *Le monde* (Paris: Le monde, December 23, 2015), p. 16.〔「法治国家から安全国家へ」西谷修訳、『世界』第八七九号（岩波書店、二〇一六年三月）二〇二—二〇五頁〕

融通無碍に揺れ動く境界線」として提示するその手つきは、やはりまぎれもなく「ホモ・サケル」シリーズの作者に固有のものである。

ところで、本書所収の二つのテクストが「ホモ・サケル」シリーズに収められて刊行されたのには別の理由もあると推察される。すでに触れたが、アナクロニックなアクチュアリティが目の前にあったから、というのがその理由である。

なるほど、二〇〇一年から二〇一五年までに起こったことはけっして少なくない。圧制からの解放が頻発する一方で、その後の展開はしばしば膠着を見せた。世界の至るところで深刻な経済危機が語られる一方で、前代未聞の富の集中が見られた。そして、民主主義を再定義しようとする反グローバリズム運動が世界各地に現れては消え、消えては現れた。だが、これらはその十年前からの状況がさらに悪化したことによって深化し、形を変えた現象だとも言える。

そうであればこそ、十年あまり前の時事を承けて書かれた論考を、あらためて本の形で世に問うことにも充分に意味があったことになる。本書の「序」には、状況の変化が議論の妥当性に影響をおよぼした可能性への懸念が書きつけられてもいるが、それでもいま本書が出されてしかるべきだとした判断は間違っていなかっただろう。[*19]

以上で、本書の置かれた固有の文脈について言い残したことはないと信ずる。

最後に、この日本語版刊行と関わる固有の時事について付け加えることをお許しいただきたい。二〇一一年三月十一日（東日本大震災および福島第一原子力発電所事故）というかなり特殊な出来事があるとはいえ、日本の今日の文脈もまた、皮肉にもすでに世界的な水準に到達して久しい。安倍晋三政権が二〇一五年九月に成立させた新安保法制が違憲だというのはまず間違いのないところだが、これもまた、行政が立法を凌駕するという国際標準の流れを模倣するものにすぎない。二〇一六年二月に調印されたTPP（環太平洋戦略的経済連携協定）も、同じく二〇一六年に自

*19　本書では「内戦論は存在しない」とも言明されているが、この数年に刊行された文献がわずかながら存在する。以下を参照。Ninon Grangé, *De la guerre civile* (Paris: Armand Colin, 2009) ; Nicolas Dubos, ed., *Le mal extrême* (Paris: ENRS Éditions, 2010) ; Grangé, *Oublier la guerre civile ?* (Paris: Vrin & Éditions de l'EHESS, 2015). なお、いずれにもアガンベンの内戦論（本書）への言及はもちろん見られない（ただし、ニノン・グランジェは『ホモ・サケル』、『人権の彼方に』、『例外状態』を参照している）。また、本書の第二章と類似した視角を提示している論考として、日本語でもすでに以下が参照できる。田中純「レヴィヤタン解剖」、臼井隆一郎編『カール・シュミットと現代』（沖積舎、二〇〇五年）三五―七四頁。山田広昭「内戦　政治的絶対」、臼井編『カール・シュミットと現代』一七九―一九六頁。

民党が企図を具体化している憲法改正（とくに緊急事態条項の追加）も、行政に白紙委任せよとの意志がわかりやすい形で現れたものでしかない。政権がいわば小さな自己クーデタの数々をたたみかけるように企て、それによって生ずる無秩序によって逆説的に統治を遂行する、というのはこの時代の統治の卑しむべき常道だと言ってもよい。

　法的に言って正統性を失った（と少なくない人々によって見なされる）体制が一方にあり、他方にはその体制を転覆させるべく集まる人々がいる。なるほど、ここには火器や暴力は見られない。衝突による殺害は両派のいずれにも依然として確認されない。おこなわれているのは街路での非暴力的なデモや集会や署名運動、あるいは大学その他での穏やかなシンポジウムや研究会である。しかし、これを内戦以外の何と呼べばよいのか？　私は蜂起を呼びかけていないわけでもない。人々はすでに蜂起している。内戦はいま、ここにある。

　そのような状況下にある人々の耳に、本書におけるアガンベン

大竹弘二・國分功一郎「主権概念の起源とその問題」、『統治新論』（太田出版、二〇一五年）一二一―一六〇頁。

の立論はどのように響くだろうか？　両派のいずれかに必ず与《くみ》せよとするソロンの法をめぐる議論があり、ペロポンネソス戦争に次いで起こった内戦の後にはじめて制定されたという大赦（内戦中の犯罪は訴追しない）についての指摘がある。観念上の人々（人民）によって政治体が構成される際に実際の人々（政治的アイデンティティを付与されえない有象無象としての群《マルチチュード》がりである生身の私たち）が不在になるというホッブズのイメージが紹介され、「神の王国」の到来によって群《マルチチュード》がりと政治体の区別がなくなるという終末論的ヴィジョンが提示される。これらのヒントから人々は何を汲み取るのだろうか？

それを知りたいというのが、私が今回の翻訳に踏みきった理由である。

高桑和巳

二〇一六年三月

人名索引

本文、原註（テクストの作者名のみ）、図版を対象としている（図版は「fig.」と記している）。

アーレント、ハナ　Hannah Arendt　11, 13–14
アイスキュロス　Aischylos　21
アウグスティヌス　Augustinus　120
アドソ（モンティエ－アン－デールの）　Adson de Montier-en-Der　101
アビン・バル・カハナ　Abin bar Kahana　125
アリストテレス　Aristotelēs　28, 36, 42–43
アルキノス　Archinos　42
アルチャート、アンドレア　Andrea Alciato　54
ヴィーコ、ジャンバッティスタ　Giambattista Vico　53
ヴィルムス、ベルナルト　Bernard Willms　111
ヴェルナン、ジャン－ピエール　Jean-Pierre Vernant　17, 21
エイレナイオス　Eirēnaios　106, 120

カッツ、ヤーコプ　Jacob Cats　54
カンパネッラ、トンマーゾ　Tommaso Campanella　112
キケロ、マルクス・トゥッリウス　Marcus Tullius Cicero　36–37
グアリーニ、ジョヴァンニ・バッティスタ　Giovanni Battista Guarini　76
クラプマール、アルノルト　Arnold Clapmar　58
グレゴリウス・マグヌス　Gregorius Magnus　101
グロッツ、ギュスターヴ　Gustave Glotz　17
ゲッリウス、アウルス　Aulus Gellius　36
コゼレック、ラインハルト　Reinhart Koselleck　92, 123–124

サウル　Saul　107–108
シエイエス、エマニュエル－ジョゼフ　Emmanuel-Joseph Sieyès　93–94
シュトラック、ヘルマン　Hermann Strack　125
シュヌーア、ローマン　Roman Schnur　9–10
シュミット、カール　Carl Schmitt　11, 41–42, 56–58, 70, 100, 104–105, 120–122, 125

スノウ、ドナルド・M　Donald M. Snow　12
ソロン　Solōn　36

チャールズ2世　Charles II　61
ティコニウス　Ticonius　120
トゥキュディデス　Thoukydidēs　33, 89
ドルーアー、ロイス　Lois Drewer　125

ニスロン、ジャン－フランソワ　Jean-François Niceron　74 fig., 75 fig.

バークリー、ジョン　John Barclay　124
バーンズ、ローレンス　Laurence Berns　59
パウロ　Paulos　106, 110, 113–114, 118, 121
バリオン、ハンス　Hans Barion　66
ヒエロニムス　Hieronymus　101, 120
ヒッポリュトス　Hippolytos　120
ビラーベック、パウル　Paul Billerbeck　125
ファルク、フランチェスカ　Francesca Falk　88
ファルネーティ、ロベルト　Roberto Farneti　99
ファンショー、リチャード　Richard Fanshawe　76
フーコー、ミシェル　Michel Foucault　48, 95
プーシュ、ジェシー　Jessie Poesch　101
プーフェンドルフ、ザムエル・フォン　Samuel von Pufendorf　80–81
フォイヤーバハ、ルートヴィヒ　Ludwig Feuerbach　17
フュステル・ド・クーランジュ、ニュマ・ドゥニ　Numa Denis Fustel de Coulanges　17
プラトン　Platōn　13, 18–20, 23–24, 32–33
ブラムホール、ジョン　John Bramhall　68, 70, 73
ブラント、ラインハルト　Reinhard Brandt　67–68, 69 fig.
プルタルコス　Ploutarchos　36
ブレーデカンプ、ホルスト　Horst Bredekamp　88, 113
ベゾルト、クリストフ　Christoph Besold　58
ベルトッツィ、マルコ　Marco Bertozzi　101
ベンヤミン、ヴァルター　Walter Benjamin　123–124
ポーコック、ジョン・グレヴィル・アガード　John Greville Agard Pocock　111
ボス、アブラム　Abraham Bosse　61, 63 fig., 102
ホッブズ、トマス　Thomas Hobbes　15, 53, 55 fig., 56, 58–59, 61, 64–66, 68, 70, 72–73, 76, 78–86, 89–92, 94–100, 102, 106–107, 109–112, 115, 117–118, 120–125

ポリュビオス　Polybios　13

マイヤー、クリスティアン　Christian Meier　38, 40–41
マルコム、ノエル　Noel Malcolm　53, 72–73, 77
メルヴィル、ハーマン　Herman Melville　57

ユンガー、エルンスト　Ernst Jünger　57
ヨハネ（福音書記者）　Iōannēs　120

ランベール（サン－トメールの）　Lambert de Saint-Omer　101, 103 fig.
ロロー、ニコル　Nicole Loraux　15–22, 24–27, 30–34, 36, 42–43, 47

参照文献

Giorgio AGAMBEN, *Homo sacer: Il potere sovrano e la nuda vita* (Torino: Giulio Einaudi, 1995).〔『ホモ・サケル　主権権力と剥き出しの生』高桑和巳訳（以文社、2003年）〕

Hannah ARENDT, *On Revolution* (New York: Viking Press, 1963).〔『革命について』志水速雄訳（筑摩書房、1995年）〕

Walter BENJAMIN, "〈Theologisch-politisches Fragment〉," in *Gesammelte Schriften*, 2-1, ed. Rolf Tiedemann *et al.* (Frankfurt am Main: Suhrkamp, 1977), pp. 203–204.〔「〔神学的－政治的断章〕」浅井健二郎訳、『ドイツ悲劇の根源』下巻（筑摩書房、1999年）223–226頁〕

Laurence BERNS, "Thomas Hobbes," in Leo Strauss *et al.*, ed., *History of Political Philosophy* (Chicago: The University of Chicaco Press, 1987), pp. 396–420.

Marco BERTOZZI, *Thomas Hobbes: L'enigma del Leviatano* (Ferrara: Italo Bovolenta, 1983).

John BRAMHALL, *The Catching of Leviathan, or the Great Whale*, in *Castigations of Mr. Hobbes, His Last Animadversions, in the Case Concerning Liberty and Universal Necessity* (London: Crook, 1658), pp. 449–573.

Reinhard BRANDT, "Das Titelblatt des *Leviathan* und Goyas *El Gigante*," in Udo Bermbach *et al.*, ed., *Furcht und Freiheit: Leviathan — Diskussion 300 Jahre nach Thomas Hobbes* (Opladen: Westdeutscher Verlag, 1982), pp. 201–231.

Horst BREDEKAMP, *Thomas Hobbes der Leviathan: Das Urbild des modernen Staates und seine Gegenbilder 1651–2001* (Berlin: Akademie Verlag, 2003).

Lois DREWER, "Leviathan, Behemoth and Ziz: A Christian Adaptation," *Journal of the Warburg and Courtauld Institutes*, 44 (London: Warburg Institute, 1981), pp. 148–156.

Francesca FALK, *Eine gestische Geschichte der Grenze: Wie der Liberalismus an der Grenze an seine Grenzen kommt* (München: Wilhelm Fink, 2011).

Roberto FARNETI, *Il canone moderno: Filosofia politica e genealogia* (Torino: Bollati Boringhieri, 2002).

Thomas HOBBES, *The History of the Grecian War Written by Thucydides*, in *The English Works*, 8, ed. William Molesworth (London: John Bohn, 1843).

Thomas HOBBES, *The Elements of Law, Natural and Politic*, ed. Ferdinand Tönnies (London: Frank Cass, 1969).〔『自然法および国家法の原理』、『哲学原

論　自然法および国家法の原理』伊藤宏之ほか訳（柏書房、2012年）1131–1394頁〕
Thomas HOBBES, *De cive*, ed. Howard Warrender (Oxford: Clarendon Press, 1983).〔『市民論』本田裕志訳（京都大学学術出版会、2008年)〕
Thomas HOBBES, *Leviathan*, ed. Richard Tuck (Cambridge: Cambridge University Press, 1991).〔『リヴァイアサン』全四巻、水田洋訳（岩波書店、1954–1992年)〕
Ernst JÜNGER & Carl SCHMITT, *Briefe 1930–1983*, ed. Helmuth Kiesel (Stuttgart: Klett-Cotta, 1999).〔『ユンガー＝シュミット往復書簡』山本尤訳（法政大学出版局、2005年)〕
Reinhart KOSELLECK, *Kritik und Krise: Eine Studie zur Pathogenese der bürgerlichen Welt* (Freiburg & München: Karl Alber, 1959 [Frankfurt am Main: Suhrkamp, 1973]).〔『批判と危機　市民的世界の病因論のための一研究』村上隆夫訳（未來社、1989年)〕
Reinhart KOSELLECK, "Volk, Nation, Nationalismus, Masse," in Otto Brunner *et al.*, ed., *Geschichtliche Grundbegriffe*, 7 (Stuttgart: Klett-Cotta, 1992), pp. 141–431.
Reinhart KOSELLECK, "Krise," in Otto Brunner *et al.*, ed., *Geschichtliche Grundbegriffe*, 3 (Stuttgart: Klett-Cotta, 1995), pp. 617–650.
Nicole LORAUX, "La guerre dans la famille," *Clio*, 5 (Paris: Belin, 1997), pp. 21–62.
Nicole LORAUX, *La cité divisée: L'oubli dans la mémoire d'Athènes* (Paris: Payot & Rivages, 1997 [2005]).
Noel MALCOLM, "The Titlepage of *Leviathan*, Seen in a Curious Perspective," *The Seventeenth Century*, 13, no. 2 (Oxford: Oxford University Press, Autumn 1998), pp. 124–155.
Christian MEIER, "Der Wandel der politisch-sozialen Begriffswelt im 5. Jahrhundert v. Chr.," in Reinhart Koselleck, ed., *Historische Semantik und Begriffsgeschichte* (Stuttgart: Klett-Cotta, 1979), pp. 193–227.
John Greville Agard POCOCK, "Time, History and Eschatology in the Thought of Thomas Hobbes," in *Politics, Language, and Time: Essays on Political Thought and History* (Chicago: The University of Chicago Press, 1989), pp. 148–201.
Jessie POESCH, "The Beasts from Job in the *Liber Floridus* Manuscripts," *Journal of the Warburg and Courtauld Institutes*, 33 (London: Warburg Institute, 1970), pp. 41–51.
Samuel von PUFENDORF, *De jure naturæ et gentium liber septimus*, in *Gesammelte Werke*, 4-2, ed. Frank Böhling (Berlin: Akademie Verlag, 1998), pp. 627–742.
Carl SCHMITT, "Staatsethik und pluralistischer Staat," in *Positionen und Begriffe*

im Kampf mit Weimar-Genf-Versailles 1923–1939 (Hamburg: Hanseatische Verlagsanstalt, 1940), pp. 133–145.〔「国家倫理学と多元論的国家」今井弘道訳、『ユリスプルデンティア　国際比較法制研究』第 2 巻（比較法制研究所、1991 年）98–115 頁〕

Carl Schmitt, *Theorie des Partisanen: Zwischenbemerkung zum Begriff des Politischen* (Berlin: Duncker & Humblot, 1963).〔『パルチザンの理論　政治的なものの概念についての中間所見』新田邦夫訳（筑摩書房、1995 年）〕

Carl Schmitt, *Der Nomos der Erde im Völkerrecht des Jus Publicum Europæum* (Berlin: Duncker & Humblot, 1974).〔『大地のノモス』新田邦夫訳（慈学社出版、2007 年）〕

Carl Schmitt, *Der Leviathan in der Staatslehre des Thomas Hobbes: Sinn und Fehlschlag eines politischen Symbols* (Köln: Hohenheim, 1982).〔『レヴィアタン　その意義と挫折』長尾龍一訳、『カール・シュミット著作集』第 2 巻（慈学社出版、2007 年）33–97 頁〕

Carl Schmitt, "Die vollendete Reformation: Zu neuen Leviathan-Interpretationen," in *Der Leviathan in der Staatslehre des Thomas Hobbes: Sinn und Fehlschlag eines politischen Symbols* (Köln: Hohenheim, 1982), pp. 137–178.〔「完成した宗教改革　新しいレヴィアタン解釈について」、ペーター・コルネリウス・マイヤー－タッシュ『ホッブズと抵抗権』三吉敏博ほか訳（木鐸社、1976 年）256–299 頁〕

Roman Schnur, *Revolution und Weltbürgerkriege: Studien zur Ouverture nach 1789* (Berlin: Duncker & Humblot, 1983).

Emmanuel Sieyès, *Qu'est-ce que le Tiers état ?*, ed. Roberto Zapperi (Genève: Droz, 1970).〔『第三身分とは何か』稲本洋之介ほか訳（岩波書店、2011 年）〕

Donald M. Snow, *Uncivil Wars: International Security and the New Internal Conflicts* (Boulder: Lynne Rienner, 1996).

Herman L. Strack & Paul Billerbeck, *Kommentar zum Neuen Testament aus Talmud und Midrasch*, 4-2 (*Exkurse zu einzelnen Stellen des Neuen Testaments*) (München: C. H. Beck, 1928).

Jean-Pierre Vernant, "Introduction," in Vernant, ed., *Problèmes de la guerre en Grèce ancienne* (Paris: Éditions de l'EHESS, 1985), pp. 9–30.

Bernard Willms, *Die Antwort des Leviathan: Thomas Hobbes' politische Theorie* (Neuwied & Berlin: Hermann Luchterhand, 1970).

ジョルジョ・アガンベン（Giorgio Agamben）
1942年生まれ。本書の他、単行本として刊行されている日本語訳は以下のとおり(原書刊行順)。『中味のない人間』岡田温司ほか訳（人文書院、2002年)、『スタンツェ』岡田訳（筑摩書房、2008年)、『幼児期と歴史』上村忠男訳（岩波書店、2007年)、『言葉と死』上村訳（筑摩書房、2009年)、『到来する共同体』上村訳(月曜社、2012年)、『バートルビー』高桑和巳訳（月曜社、2005年)、『ホモ・サケル』高桑訳（以文社、2000年)、『人権の彼方に』高桑訳（以文社、2003年)、『イタリア的カテゴリー』岡田監訳（みすず書房、2010年)、『アウシュヴィッツの残りのもの』上村ほか訳（月曜社、2001年)、『残りの時』上村訳（岩波書店、2005年)、『開かれ』岡田ほか訳（平凡社、2011年)、『例外状態』上村ほか訳（未來社、2007年)、『思考の潜勢力』高桑訳（月曜社、2009年)、『瀆神』上村ほか訳(月曜社、2005年)、『王国と栄光』高桑訳（青土社、2010年)、『事物のしるし』岡田ほか訳（筑摩書房、2011年)、『裸性』岡田ほか訳（平凡社、2012年)、『いと高き貧しさ』上村ほか訳（みすず書房、2014年)、『身体の使用』上村訳（みすず書房、2016年)、『ニンファ　その他のイメージ論』高桑訳（慶應義塾大学出版会、2015年)。

高桑和巳（たかくわ・かずみ）
1972年生まれ。慶應義塾大学理工学部准教授。専門はイタリア・フランス現代思想。著書に『フーコーの後で』(共編著、慶應義塾大学出版会、2007年)、『アガンベンの名を借りて』(青弓社、2016年）がある。翻訳（アガンベンを除く）にミシェル・フーコー『安全・領土・人口』(筑摩書房、2007年)、カトリーヌ・マラブー編『デリダと肯定の思考』(共監訳、未來社、2001年)、イヴ－アラン・ボワ&ロザリンド・E・クラウス『アンフォルム』(共訳、月曜社、2011年)、アレックス・マリー『ジョルジョ・アガンベン』(青土社、2014年）などがある。

STASIS: La guerra civile come paradigma politico
by Giorgio Agamben

Copyright © 2015 by Giorgio Agamben
Originally published by Bollati Boringhieri editore, Torino
Japanese translation published by arrangement with
Agnese Incisa Agenzia Letteraria through The English Agency (Japan) Ltd.

スタシス　政治的パラダイムとしての内戦

2016年5月12日　第1刷印刷
2016年5月19日　第1刷発行

著者　ジョルジョ・アガンベン
訳者　高桑和巳

発行者　清水一人
発行所　青土社
東京都千代田区神田神保町 1-29　市瀬ビル　〒 101-0051
電話　03-3291-9831（編集）　03-3294-7829（営業）
振替　00190-7-192955

印刷所　ディグ（本文）
方英社（カバー・表紙・扉）
製本所　小泉製本

装幀　戸田ツトム

ISBN978-4-7917-6921-6　Printed in Japan

ジョルジョ・アガンベン／高桑和巳 訳

王国と栄光

オイコノミアと統治の神学的系譜学のために

フーコーによる「統治性」研究の衣鉢を継ぎつつ、キリスト教神学の黎明に遡り、権力のオイコノミア（人間や事物に対する統治）と栄光（儀礼的・典礼的装置）の系譜を明らかにして、現代のコンセンサス民主主義やメディアの構造的母型を照らし出す。

四六判上製 556 頁　ISBN978-4-7917-6533-1

アレックス・マリー／高桑和巳 訳

ジョルジョ・アガンベン

シリーズ 現代思想ガイドブック

「ホモ・サケル」シリーズで権力作用の系譜をたどると同時に、現代の国家的暴力にも抗するアガンベン。長大な視野のもと、政治のみならず言語・倫理・芸術など無数の領域を横断するイタリア現代思想の核心に迫る決定版入門書。

四六判仮フランス装 298 頁　ISBN978-4-7917-6829-5

青土社